BIKE FIT

骑行姿势设定指南 _{第二版}

［英］菲尔·伯特（Phil Burt）著　　张光准 译　　王屹 审校

人民邮电出版社

北京

图书在版编目（CIP）数据

BIKE FIT：骑行姿势设定指南：第2版 / （英）菲
尔·伯特（Phil Burt）著；张光准译. -- 2版. -- 北
京：人民邮电出版社，2020.1
（悦动空间. 骑行训练）
ISBN 978-7-115-52383-9

Ⅰ. ①B… Ⅱ. ①菲… ②张… Ⅲ. ①自行车运动技术
－指南 Ⅳ. ①G872.3-62

中国版本图书馆CIP数据核字(2019)第248618号

注 意

作者、译者和出版社等已经尽一切努力确保本书内容在技术上尽可能地准确合理，若是由于
使用本书而出现任何伤害或损失，作者、译者和出版社等都将不会为此承担责任。

◆ 著　　　　 ［英］菲尔·伯特（Phil Burt）

　　译　　　　 张光准

　　审　　校　 王　屹

　　责任编辑　 王朝辉

　　责任印制　 陈　犇

◆ 人民邮电出版社出版发行　　北京市丰台区成寿寺路 11 号
　　邮编　100164　　电子邮件　315@ptpress.com.cn
　　网址　http://www.ptpress.com.cn
　　三河市君旺印务有限公司印刷

◆ 开本：690×970　1/16
　　印张：11.75　　　　　　　 2020 年 1 月第 2 版
　　字数：250 千字　　　　　　 2025 年 9 月河北第 22 次印刷
　　著作权合同登记号　图字：01-2014-6323 号

定价：69.00 元
读者服务热线：(010)81055410　印装质量热线：(010)81055316
反盗版热线：(010)81055315

致我的家人
克莱尔、诺亚和埃斯梅

BIKE   FIT

内 容 提 要

　　随着自行车运动的蓬勃发展，越来越多的骑行爱好者遇到了膝盖疼、腰疼等常见的伤痛问题，也逐渐意识到正确的骑行姿势及自行车设定的重要性。本书全面详细地介绍了自行车骑行姿势及设定的方法与步骤，非常有助于提升你骑行的安全性和舒适性，让你获得更多的骑行乐趣。

　　作者菲尔·伯特作为服务于英国自行车协会和英国国家队的首席理疗师，他将自己毕生的 BIKE FIT 知识与经验浓缩于本书中。书中内容包括与自行车相关的人体解剖学知识，车座、车把和锁片等的正确设定方法，空气动力学姿势和日常力量柔韧性训练方法等，还有作者亲自指导的天空车队职业车手的实际案例分析。

　　本书适合广大的骑行爱好者阅读，相信本书能满足爱好者们的 BIKE FIT 需求。

序

承蒙译者张光准先生抬爱，本人受邀为本书作序，感谢之至！

本书的英文版早先我就看过介绍，不曾想国内竟然如此之快地就要出版中文译本了，在此衷心感谢人民邮电出版社编辑们的辛勤工作和高效率，相信这本书会为广大骑行爱好者、BIKE FIT 研究者以及各位从业者带来很大益处。该书作者是英国自行车协会物理理疗师以及 BIKE FIT 的主导者，英国天空车队的创建和运作都与他的工作分不开，每年他都要为队员们做很多次详尽的动态 BIKE FIT，帮助他们解决比赛和训练中的问题。他同时也是美国 Retül 公司在欧洲的首席教官，在公司有着非常特殊的地位。

BIKE FIT 的概念源自意大利的自行车公司，因为这些公司需要为车手们定制车架，例如 FaleiroMasi、Ernesto Colnago、Ugo De Rosa、Dario Pegoretti 等公司。这些公司需要对车手们进行非常多的了解并与车手们沟通，才能为他们定制最适合比赛使用的车架。你可以看到，这些工作都需要结合造车大师们的个人经验才可以完成，不是普通人可以做到的。从 20 世纪 80 年代开始，美国的 BIKE FIT 从业者们开始不断地研究并发展 BIKE FIT 技术，连续 7 届环法赛总冠军兰斯·阿姆斯特朗就是其中的受益者。

2007 年，Retül 公司在美国成立，公司建立了第一个采用动态摄像机采集车手骑行姿态所有数据的系统。这可以说是革命性的改变，因为在此之前几乎所有 BIKE FIT 都是需要车手在踩踏过程停止以后，使用各种量角器、尺子、铅垂线等工具来测量才能完成的。当然，

之前还有很多方法是先测量身体数据，然后再利用一些公式进行计算。这些都是静态测量，我们称之为 BIKE SIZE 而不是 BIKE FIT。Retül 公司的动态采集系统目前最新的 V7 软件，可以让 BIKE FIT 以及车手实时看到骑行姿态数据，并且利用记录下来的最为稳定的数据进行分析和改进。另外，Retül 的这个系统并不是只测试骑行者身体一侧的数据，而是需要对两侧分别测试，经过综合考量和调整，达到一定的左右平衡和对称，这样才称得上是一次完整的 BIKE FIT。因为如果只对身体一侧进行测试的话，并不代表另一侧的数据也是等同的，毕竟每个人的身体都不可能完美对称，总会有属于其自己的问题。这些都是需要花费专业人员和被测试者大量的时间来解决的，天空车队的队员们每年都需要做多次的 BIKE FIT。

我自己对 BIKE FIT 有着非常浓厚的兴趣，因为自己就是从 20 年前完全不知道如何骑行的爱好者开始的：一开始模仿职业选手的姿势、征求车友的建议以及向书本（或互联网）学习。从早先帮客人定制车架开始，我就研究世界各国的 BIKE FIT 系统，并没有相关书籍和导师的指导。在国外，有很多的 BIKE FIT 系统都是由车架制造商开发的，比较出名的主要是美国的 SICI。在 2011 年了解到 Retül 公司的动态 BIKE FIT 系统后，我立刻意识到它就是我所需要的 BIKE FIT 系统。我有幸参加了 Retül 大学在中国开设的课程，与来自亚洲区的优秀专业人士一起学习，收获很大。到如今，作为一名实施 BIKE FIT 的专业人员，我

已经连续 3 年获得 Retül 公司的全球认证。在为许多国内车友提供 Retül BIKE FIT 服务时，我都会竭尽全力帮助车友们找出问题并解决问题，每次听到车友良好的反馈，对我来说都是莫大的欣慰。

BIKE FIT 是一门需要不断研究、学习以及实践的综合学科，其中包括了运动医学、运动生理学，另外还需要深入理解自行车的机械原理、结构、各部件尺寸设定方法以及骑行、训练、比赛等一切与自行车相关的知识。本书就是这样一本从各个角度由浅入深地阐述 BIKE FIT 知识的专业书。它让更多的车友和从业者能够深入了解骑行姿势设定的方法与理论，同时该书也包含了作者非常丰富的 BIKE FIT 实践经验。

随着 BIKE FIT 被越来越多的车友认识和了解，各大单车品牌厂商都在自己的车店以及品牌经营店中配备 BIKE FIT 设备，例如 Giant、TREK、Specialized、Shimano 等，让前来购买自行车的顾客买到适合自己的自行车并设定舒适的骑行姿势。当然，BIKE FIT 还远不止于此，它还包括车座、车把、自锁锁片、座杆、曲柄长度、自锁鞋垫片、鞋垫等与我们的姿势设定相关的部件的选择。

欢迎对 BIKE FIT 感兴趣的车友以及从业者与我们一起讨论和学习，并对我们的中文译本中存在的问题进行批评指正。

北京扶轮单车行　王　屹

目　录

前　言 克里斯·霍伊爵士　　　　　　　　　　　　　8

前　言 克里斯·博德曼　　　　　　　　　　　　　12

01　引　言　　　　　　　　　　　　　　　　　　15

02　自行车相关的人体解剖学　　　　　　　　　　27

03　BIKE FIT窗口　　　　　　　　　　　　　　39

04　BIKE FIT三大支柱　　　　　　　　　　　　71

05　问题与对策　　　　　　　　　　　　　　　　83

06　自行车运动的专业领域　　　　　　　　　　123

07　骑行以外的日常锻炼　　　　　　　　　　　149

08　案例分析　　　　　　　　　　　　　　　　165

09　BIKE FIT的常见误区　　　　　　　　　　175

10　记录自己的自行车设定　　　　　　　　　　183

　　名词解释　　　　　　　　　　　　　　　　186

前　言　克里斯·霍伊爵士

我很高兴看到这么多人喜欢骑自行车，但我发现很多人所骑的车子的设定都很差。

当我和新手交流的时候，他们总是抱怨屁股疼、背疼或是膝盖受伤了。他们说自己也曾认真想要参与自行车运动，但是身体会不舒服，比如会有疼痛症状，因此也就没有什么骑行的乐趣。

这让我很不解，因为我喜欢骑车，而且觉得很有乐趣。我认为人们骑车之所以感到痛苦，100 次中有 99 次都是因为自行车的设定不恰当，而不是因为车座太硬或是运动太激烈。

有些人在参加慈善赛或骑游赛活动（非比赛的骑行活动）之前都会来找我。尽管也许只是第一次参加骑行活动，但是他们咨询的都是一些训练技巧方面的问题。他们想知道应该多长时间骑一次、每次又该骑多远。我会告诉他们在关心这些问题之前，首先要确保自己的骑行姿势正确。

骑行姿势不正确就有点像是穿着别人的鞋在跑步。我经过反复尝试才找到"正确"的骑行姿势，这也有赖于教练和经验丰富的车手们的专业建议。

我后来以同样的姿势骑了 15 年，现在我不需要用尺子就能知道 3 个接触点（臀部、手掌和双脚）是否适合我，完全凭感觉就可以了。我可以随意骑上一辆车，然后告诉你这个车座是否高了或是低了半厘米。

作为一名职业车手，你会非常习惯于自己的姿势，而且对任何变化都非常敏感。我记得在 2003 年的上半赛季，我的车座高度偏高了一些。虽然只有一点儿偏差，但我的膝盖马上就出现了问题。

近 10 年来，帮我解决这类伤痛问题的就是菲尔·伯特（即本书作者）。我曾与无数的理疗师合作过，但是在北京奥运会和伦敦奥运会之前，我会花大量的时间与菲尔交流并寻求建议，几乎和教练在一起的时间差不多。

实事求是地说，他对我身体健康的贡献不输给任何人，尤其是在备战伦敦奥运会的时候，那时我已经 36 岁了，身体状态不是很好。他不仅人很和善，而且身材高大，所以能够比别人更好地调节我的背部姿势。

在自行车骑行姿势方面，菲尔是一名真正的专家。如果我早点认识他，那我在 15 年前也许就不用那样反复地进行错误的尝试了。

可喜的是，他现在已经把自己的知识浓缩在了这本书中。一直以来我都建议车手们要去咨询经验丰富的车手、教练、理疗师或车店的专业人士的意见。但现在有了另一个选择，那就是阅读这本书。

希望当我骑车超过别人时（也可能是别人超过我，因为我已经退役了），我能够赞赏别人的骑行姿势，而不是遗憾地感慨：如果他们的车座高度正确，肯定能从自行车运动中获得更多的乐趣并避免受到伤害！

我相信每个人都会明白，如果穿着自己的鞋子跑步，那么跑起来肯定会更舒服、更有效率，也会有更多的运动乐趣。

克里斯·霍伊

前 言 克里斯·博德曼

我是一个喜欢研究的人。我热爱探究事物，找到其中的规律和效率增益，所以你应该会猜到 BIKE FIT 和骑行姿势调整正是我的兴趣所在。

的确如此，在我职业生涯最辉煌的那 10 年里，我热衷于研究骑行姿势和效率。当时我与我的教练彼得·基恩通力合作，他是一名广受尊敬的世界著名运动科学家。作为一名职业车手，我所参加比赛的时长从 4 分钟到 3 周不等，所以我们当时在许多不同的领域进行了探索试验：爬坡、长距离骑行、极端的场地追逐赛，当然还有计时赛。

我们早期的工作是研究计时赛和场地车比赛的姿势。在一面全身镜和一辆 SRM 功率车的帮助下，我们发现自己以前在骑行姿势问题上的观念非常闭塞保守。

我们在功率车上可以做各种各样的动作，而且能够完全抛开标准自行车零件，自由地考虑几何结构。实际上，功率车除了有一个车座、脚踏板和车把之外，一点儿都不像是自行车，后来的实践证明这是一个巨大的突破。

有一次，我们开始研究空气动力学姿态。我们把全身镜放在正前方以查看正面，目的是让迎风面积最小化，同时利用每次的改变来监测力学效率。由于功率车的形状较特殊，所以我们开始时只靠感觉来摸索而没有进行测量。直到我们觉得姿势足够正确，而且我自己也能按照这种姿势保持足够长的时间后，我们才会进行测量，并研究这种姿势与车架尺寸、把立长度等参数的关系。如果我们当时使用的是标准的自行车设备，那么我们就会觉得改变的空间不大，这样的想法会阻止我们去探索并最终发现目前所拥有的骑行姿势。从那时起，我们就从未在姿势调整期间进行测量，而是直到完成概念评估后才去测量，从而避免由于自己的偏见而忽视更重要的数据。

我们在研究爬坡姿势时仍然采用这种方式。我们这次的目标是找到一种高效且可持续的姿势，从而能应对环法比赛中的那些山地赛段。为此，我们在探索中率先使用了跑步机，首先在英国布赖顿大学实验室里研究、记录和改变姿势，然后通过持续数小时的爬坡来强化肌肉训练，同时利用加热灯模拟比赛中的环境条件。

无论你是在为哪一种骑行类型而优化骑行姿势，需要考虑的因素都非常多：对微量调整的个人敏感度、个人体形、个人肌肉发达程度、骑行服、锁鞋、骑行距离，以及正在使用的自行车类型和将来想要参与的赛事类型等。所有这些因素都会影响整体的"姿势调整方案"。

你会注意到"感觉"这个词在上文的叙述中反复出现，这当然是有原因的。在探索复杂的骑行姿势的过程中，我们从未发现有什么神奇的公式。我现在彻底相信，这个问题现在没有唯一的解决方案，将来也不会有。但是我认为现在出现了许多能够得出科学结论的正确程序以及满足各种骑行需求的可行方案，而这些程序和方案都在这一本书中。

菲尔·伯特与众多世界顶级运动员倾力合作，在这个问题上倾注了大量的时间和精力。另外，他还将更多的跨学科知识融入其中。

如果你也和我一样相信 BIKE FIT 是科学与正确的主观判断的融合，我想你将会在本书中找到满意的答案。

克里斯·博德曼

01

引 言

引　言

我总是看到，许多车手的体能很好，所使用的自行车也非常好，但是骑行姿势却很糟糕，以至于昂贵的器材和长时间的训练都没能发挥应有的作用。

最佳骑行姿势对于骑行表现、舒适度和避免受伤都至关重要。但问题的复杂性在于：对于最佳骑行姿势并没有一个通用的神奇公式，很多时候车手都只是在寻找合适的平衡状态。令事情更复杂的是，骑行姿势对于某些车手要重要一些，而对于其他车手却相对不那么重要。

为了证明 BIKE FIT 不是一门精确的科学，这里举天空车队中两名英国车手的例子。首先是两届奥运会金牌得主杰伦特·托马斯。几年前，杰伦特用一辆不属于他的备用自行车在环法比赛中骑了半个赛段。尽管车子的尺寸并不适合，但是他甚至都没有察觉到有何异样。我把杰伦特这样的车手称为"宏观吸收者"。

本·斯威夫特却对任何改变都高度敏感。他从 2010 年转入职业赛以来取得了多场重大胜利。面对 4 辆设定差异在 1 毫米以内的自行车，他只要坐在车上甚至都不用往前骑，就能告诉你哪辆车用了新车座。我把本·斯威夫特这样的车手称为"微观调整者"。

杰伦特和本代表了两个极端，而大多数人都是处于两者的中间。但对于所有人来说（甚至包括杰伦特），如果想要发挥出自己最大的能力，很重要的一点就是要找到最合适的骑行姿势。对于杰伦特这样的"宏观吸收者"而言，合适的范围很宽泛。但是如果杰伦特的自行车设定不恰当，他也无法赢得环佛兰德斯赛或是参加环法比赛。

因此在天空车队和英国自行车协会中，我们投入了大量的时间和精力为车手们寻找最合适的骑行姿势。车手们拥有最佳骑行姿势后，必然会有更好的比赛表现和更低的受伤概率。

但是这并非易事。在 2010 年天空车队刚成立时，我们必须让 30 名新车手适应我们的供应商 Pinarello 所提供的车子。而在此之前的一年里，这些车手们骑着 14 种不同品牌的自行车。其中的问题在于：Pinarello 品牌的 56 厘米车架并不完全等同于 Specialized、Trek 或 Giant 等品牌的 56 厘米车架——没有两家制造商的产品是完全一样的。不同制造商之间的差异可能很小（杰伦特可能注意不到，但本会察觉到其中的差异），但是也会有所影响。

因此，当时急需找到一种能让新车手适应队车的方法。与此同时，我一直在探索一种能够找到最佳骑行姿势的系统。虽然这已经耗费了 4 年的时间，但我认为我们已经取得了成功。

自从大约 150 年前人们发明自行车以来，现在骑自行车的人数比以往任何时候都要多，既有年幼的孩童，也有年长的老人。骑游赛活动的普及更是令骑行爱好者呈几何倍数级增长。市场上也有着五花八门的自行车种类。我们为什么选择自行车？如何选择自行车？选择什么样的自行车？这些问题的答案从未如此多样。

但有一件事从未改变，那就是我们骑自行车的方式。我们仍然是坐在车座上，用双脚踩踏，然后用双手握住车把。这听起来很简单。但是潜在的巨大差别来源于 5 个接触点：双脚、双手和臀部。为了实现健康高效的骑行，我们又该如何协调这些因素呢？

一些人在短距离通勤时，会随便选择一辆车。这辆车甚至可能都不是自己的——只要简单地调整一下车座高度就万事大吉了。

而另一种极端情况是，一些车手会在骑行上花费很长很长的时间，不断追求自己骑行能力的极限。对于这些人而言，这些接触点的设定就非常重要了，因为这与安全、避免受伤、舒适性和骑行表现息息相关。

我们需要合理地平衡骑行成绩表现、空气动力学、舒适性和可持续性这些因素，这种平衡的艺术才是优秀 BIKE FIT 的关键所在。但是这些 BIKE FIT 因素每个都是个性化的。如果在计时赛中你不能保持最符合空气动力学的姿势超过 30 秒，那么也就没有必要采用这种姿势了，因为姿势的偏移会产生空气湍流，让你丧失气动优势，还会扰乱骑行节奏和功率输出。

人们在骑车时，身体（适应能力各不相同）和自行车（调节性有限）之间有一种相互作用的关系。人车之间的结合是一种微妙的平衡，而且一些人会比另一些人更敏感一些——正如杰伦特·托马斯和本·斯威夫特的例子所展现的那样。

伤病与骑行表现相比，即使说不上更重要，但至少也同样重要。在训练和比赛中，一些车手似乎更容易受伤。运动医学的最高追求就是期望能够预测谁会受伤以及为什么会受伤，并能进行相应的调整。尽管我们已经对自己的身体从多个方面进行了研究，但是离这个目标还是很远。

研究车手和自行车设定之间的相互作用是另一种形式的探索。我现在已经完成了许多研究工作，这些研究都非常令人着迷。在我看来，这与车手的训练情况紧密相关，例如进行大量骑行训练或健身训练的时候。同样的一群人中，容易受伤或无法适应训练的总是那些对自行车设定高度敏感的人——他们正是我所说的"微观调整者"。他们不停地改变姿势，试图找到合适的感觉。我想他们这么做也是迫于无奈，因为他们对变化的适应能力非常有限，所以只能日复一日地坚持同一种姿势。

冯斯托·科皮

你可能已经猜到了，能快速适应训练的正是那些对自行车设定不那么敏感的车手——也就是所谓的"宏观吸收者"。

骑行姿势简史

看看老照片上的职业车手，你就会看出骑行姿势的演变过程。

冯斯托·科皮是一名伟大的意大利明星车手，20 世纪 40 年代至 50 年代是他的辉煌时期。他的车座很低而车把很高，其他同时代的车手也是如此。雅克·恩奎蒂尔成名于20 世纪 50 年代末，并在 60 年代早期统治着环法赛场。他的车座高度仍然较低（他的双腿并没有像现代车手一样伸展开），但是骑行姿势看起来变长了。他的身体舒展地趴在自行车上，看起来很符合空气动力学。其他车手自然也是尽量去模仿他的姿势。骑行姿势的变化总是由同时代最伟大的车手带动起来的。

在恩奎蒂尔之后，出现的是史上最伟大的车手艾迪·梅尔克斯，他是另一种姿势变化的推动者。他的车座位置更高了，几乎和现代车手的一样高。梅尔克斯是一名"微观调整者"，经常要调整车座和车把的高度。

意大利奥林匹克委员会（CONI）在 1972年出版了历史上第一本 BIKE FIT 手册。意大利研究人员考察了一群 20 岁左右且成绩优异的男子职业车手，然后总结他们骑行姿势的共同点。他们认为，正是因为这些车手都骑得很快，所以大家都应该模仿他们的骑行姿势。最后汇总研究成果的出版物被称为《意大利单车圣经》，而且在很长的时间里都享有这样的荣誉地位。这意味着许多人要被迫采用某些特定的骑行方式。例如，《意大利单车圣经》提倡内八字脚的踩踏风格，膝盖几乎要碰触到上管。现在，我们知道很多人根本无法适应这种骑行方式。

此时，比利时人出场了。和意大利一样，比利时也是自行车运动的热土。但是比利时人一直坚持只从侧面观察车手的姿势，只不过在测量时添加了一种分段测量的方法。这是第一次有人试图用胯高（即脚底到裆部的距离）来

雅克·恩奎蒂尔

艾迪·梅尔克斯

推断出适用于某个人的理想车架尺寸和骑行姿势。

在 20 世纪 80 年代，有一个公式广泛流行。这个公式之所以流行主要靠的是法国传奇车队经理西里尔·吉马尔的宣传，而不仅是因为美国的环法冠军格雷格·雷蒙德采用了这一公式。这个公式被称为吉马尔 – 雷蒙德公式，它以厘米为单位测量胯高，并将其乘以 0.883，从而得出合适的车座高度（从五通中心到车座顶端的距离）。吉马尔 – 雷蒙德公式有一些大胆的前提假设，其中一个重要假设就是所有人的身体比例都是相同的。例如，它假设每个人的腿长都与后背和手臂的长度成一个特定的比例。可惜的是，实际情况并非如此。我们每个人都有不同的体形，而且身体各部分之间的比例也都各不相同。

如果你绘制人体形状和大小方面的图形，例如腿长和背部长度的关系，你可能会看到类似于下图的情况。

吉马尔 – 雷蒙德公式失效的一个著名例子就是克里斯·博德曼。下次你在电视上看到他的时候，你可以花几秒钟观察他身体的比例。他的背部很长，而双腿却相对较短。也许正是这样不寻常的身体比例，让他能够采用很低且背部保持水平的空气动力学姿势，最终帮助他赢得了奥运会追逐赛和环法揭幕战的冠军。克里斯永远无法利用吉马尔 – 雷蒙德公式获得最佳的骑行姿势。

从胯高推断自行车尺寸的方法适用于下图中间的那些人——也就是那些"正常"人群。对其他人就会有不同程度的偏差。例如，一个腿长而背部较短的人，他在车座上会很舒适，但是无法舒服地握住车把；而其他腿短而背部很长的人（如克里斯·博德曼）可以充分地伸展身体，但是车座又太高了。

考虑到不同人之间柔韧性和控制力的差异之后，情况就变得更加复杂了。从肢体测量得

正态分布图

正态分布图能很好地描述人群分布。基于单个测量数据的预测模型或简单计算适合那些位于中间的"正常"人群，但是在许多情况下并不适用于其他人。

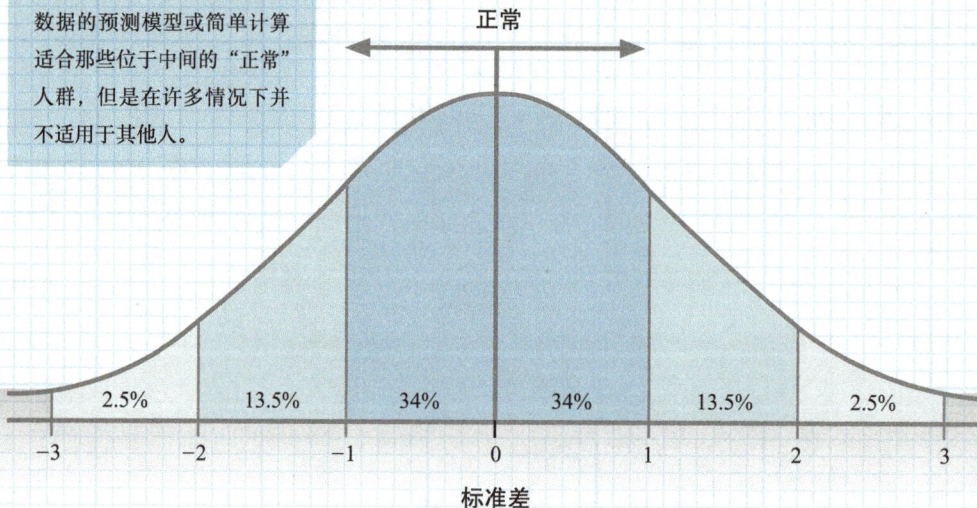

| -3 | -2 | -1 | 0 | 1 | 2 | 3 |
| 2.5% | 13.5% | 34% | 34% | 13.5% | 2.5% |

标准差

克里斯·博德曼

出的简单推断无法顾及这些因素。我曾经在环瑞士赛的计时赛后骑上布拉德利·维金斯的自行车。我身高约 1.93 米，比维金斯略高一些。但是我几乎骑不动他的车子，而且感觉很痛苦。他经过多年的训练已经具备极高的腘绳肌腱灵活性，所以才能够采用这种超级高效且强力的姿势进行踩踏。

另一名革新者安迪·普瑞特一直在美国科罗拉多州的博尔德运动医学中心工作。过去 30 年来，他一直专注于自行车医学领域的研究。他是第一个（目前为止也是唯一一个）为骑行者撰写了真正有所帮助的医学指南的人。这部作品是目前为数不多的从动态角度探索 BIKE FIT 概念的书籍之一。动态 BIKE FIT 就是研究处于骑行动态中的车手，而不是研究他们在自行车上静止的姿势。这本书在 BIKE FIT 中引入了 3D 视角，也就是考虑了正面视图，从正前方观察车手的姿势。

人们花了很长时间才完善了数据采集以及将 BIKE FIT 服务普及给广大非职业车手，目前动态 BIKE FIT 已经逐渐取代静态 BIKE FIT。人们现在可以去车店和工作室评估并纠正骑行姿势，从而提高骑行表现、舒适度或避免受伤。

安迪·普瑞特的同事托德·卡佛在 2007 年帮助我们改变了实施 BIKE FIT 的方式。托德·卡佛帮助我们开发并交付了第一个简单易用（即不基于研究或实验室）且专用于自行车的 3D 动态分析系统——Retül 系统。这个由硬件和软件组成的系统不仅能在几秒内记录人体特征数据，而且能记录自行车数据。这改变了 BIKE FIT 的游戏规则——现在一名自行车爱好者可以去工作室或者车店，然后在几小时内就能享受到利用最先进技术的 BIKE FIT 服务，而不用花费好几天。

动态 BIKE FIT 的成本很高——你可能在这些服务上要花很多钱。这是一个很好的工具，但不一定是灵丹妙药。动态 BIKE FIT 的演变所创建的是一个宽泛的范围，目前有不同水平和程度的 BIKE FIT 服务。以前那种对车手和自行车进行静态测量的方法，现在可能只被看作是对自行车的"尺寸测量"。最新的动态方法更符合单车运动医学对 BIKE FIT 的表述："BIKE FIT 是一种程序，它能详细地评估车手的身体及运动表现能力，并且系统地调整自行车，以满足车手的目标和需求。"

随着网上购物的出现，自行车店的角色正在发生变化。Specialized 是第一个认可 BIKE FIT 的大品牌，拥有完善的 BIKE FIT 程序和 BIKE FIT 产品系列，包括锁鞋、鞋垫和服装，提升了车店和品牌的价值。在本书写作期间，所有大型单车厂商都已经拥有或计划拥有自己的 BIKE FIT 设备和程序，以抢占这个自行车销售的新市场。

无论是疼痛、受伤、不适还是运动表现不佳，当休闲骑行者和热衷于骑行的新手想要解决这些骑行姿势问题时，他们又该怎么办呢？

如果你买的只是 5000 元的自行车，那么你不太可能会花 3000 元去做一次 BIKE FIT。我希望这本书能够弥补普通骑行者与富有的高端车手之间的差距，为大多数骑行者提供一本简便的自我 BIKE FIT 指南。我的目标是让你能够掌握足够的信息，从而在骑行姿势调整方面做出正确的决定，解决与骑行表现、伤病、疼痛和不适相关的问题，让你从自行车运动中获益更多，同时还不用花太多钱。

BIKE FIT 方法总结

- 传统式 BIKE FIT
- 观察式 BIKE FIT
- 通用式 BIKE FIT
- 个性化 BIKE FIT
  - 静态 BIKE FIT
  - 动态 BIKE FIT

传统式 BIKE FIT

按照《意大利单车圣经》的指导，专注于骑行姿势和双脚的位置（即让跖骨球在脚踏轴心上）。

优点: 快速简便。

缺点: 没有考虑每个人身体类型的差异，迫使身体去适应单车。

观察式 BIKE FIT

以个性化为基础理念，认为每个人的骑行姿势都应该有自己的特点。

优点: 在传统式的基础上有所改进，切实关注了个人的身体情况。

缺点: 没有客观数据，大多数骑行者最后看起来都是一样的。

通用式 BIKE FIT

以公式法为基础，利用身体某部分的测量数据进行计算。

优点: 与观察式相比，改进了身体数据测量方法，并认为身体比例对于 BIKE FIT 很重要。

缺点: 静态测量，没有考虑自行车与人之间的相互关系。

个性化 BIKE FIT

静态 BIKE FIT

使用铅垂线和测角器。（铅垂线指的是一端系有重物的线，用于寻找垂直位置。测角器是一个很大的分度器，用于测量角度。）

优点: 利用关节角度来优化骑行姿势。

缺点: 静态特性只适用于理论上的骑行姿势，而不适用于动态骑行中的实际姿势。

动态 BIKE FIT

在车手的骑行过程中（也就是在动态过程中）采集数据，使用视频或运动分析数据来调节自行车，使其适应车手的需求。

优点: 利用客观数据和动态元素真实反映了车手的骑行状况。

缺点: 费用高昂。

中立型 BIKE FIT 与权衡型 BIKE FIT

上文的所有方法都是辅助你完成 BIKE FIT 的工具。当然，与工具本身相比，使用工具的人更重要。即使某人拥有价值 12 万元的三维动态捕捉系统，也并不意味着他就有能力为你实施合适的 BIKE FIT。实际上，许多人认为这一行业的从业人员分为两类：一类从业人员以一套中立的数据范围为标准实施中立型 BIKE FIT；而另一类掌握技巧且经验丰富的从业人员，能实施权衡型 BIKE FIT。权衡型 BIKE FIT 指的是，在整体 BIKE FIT 过程中为了顾及某一限制因素也许会以稍微牺牲另一个参数为代价，但是整体上最终会获得一个更好的 BIKE FIT 结果。

我用"BIKE FIT 窗口"这个词来表示自行车调整范围。在此范围内，车手将取得适当的舒适性和运动表现。为了实现本书的目的，我将以不同骑行类型的中立姿势为参考来描述 BIKE FIT 窗口。我在书中也提到了一些设定数值超出 BIKE FIT 窗口的常见案例和理由，但是我无法帮助你完成复杂或困难的 BIKE FIT 调节，因为这超出了本书范围。如果你需要实施特别复杂或困难的 BIKE FIT 调节，我建议你去咨询一名合格的 BIKE FIT 专业人员。

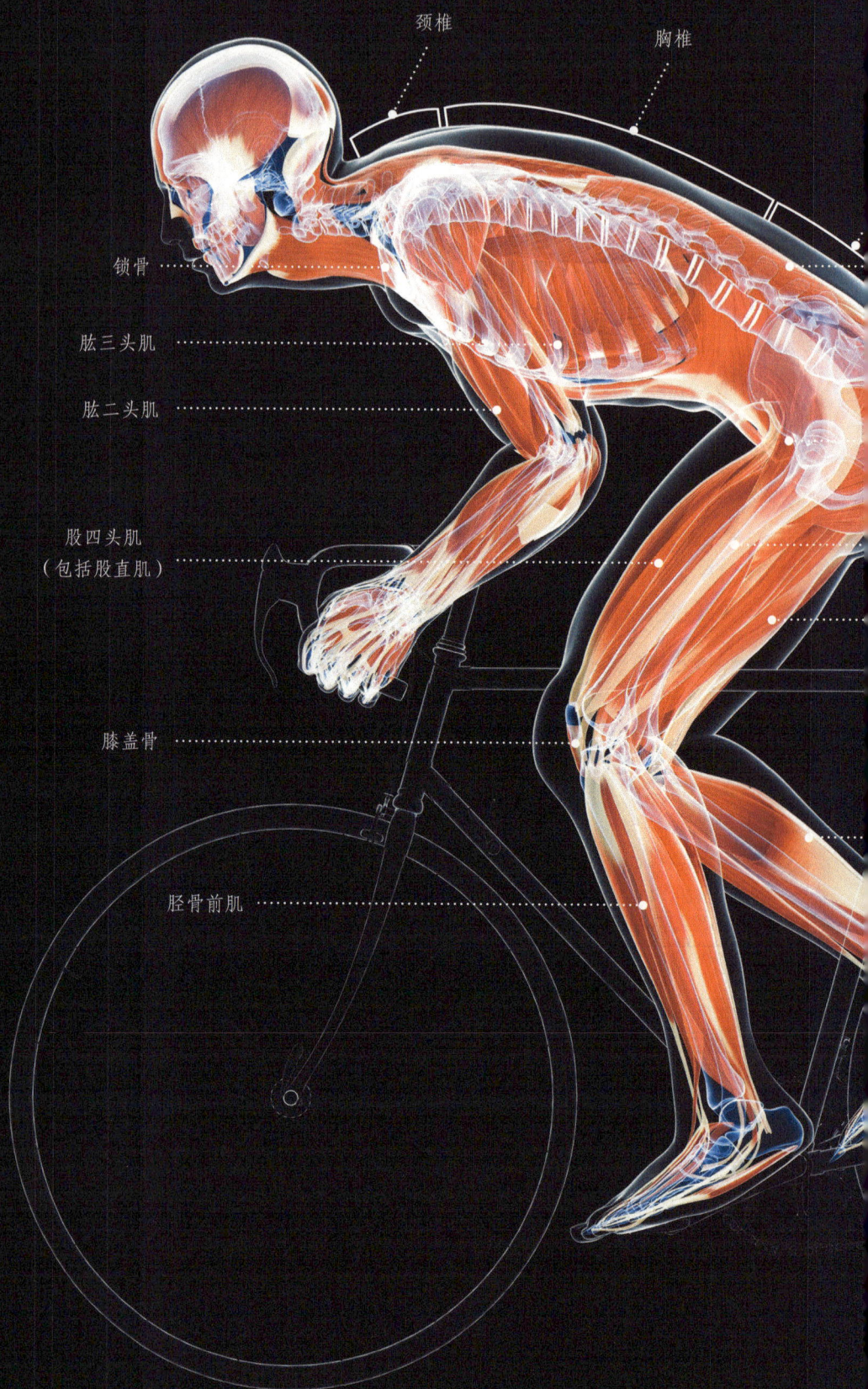

颈椎

胸椎

锁骨

肱三头肌

肱二头肌

股四头肌
（包括股直肌）

膝盖骨

胫骨前肌

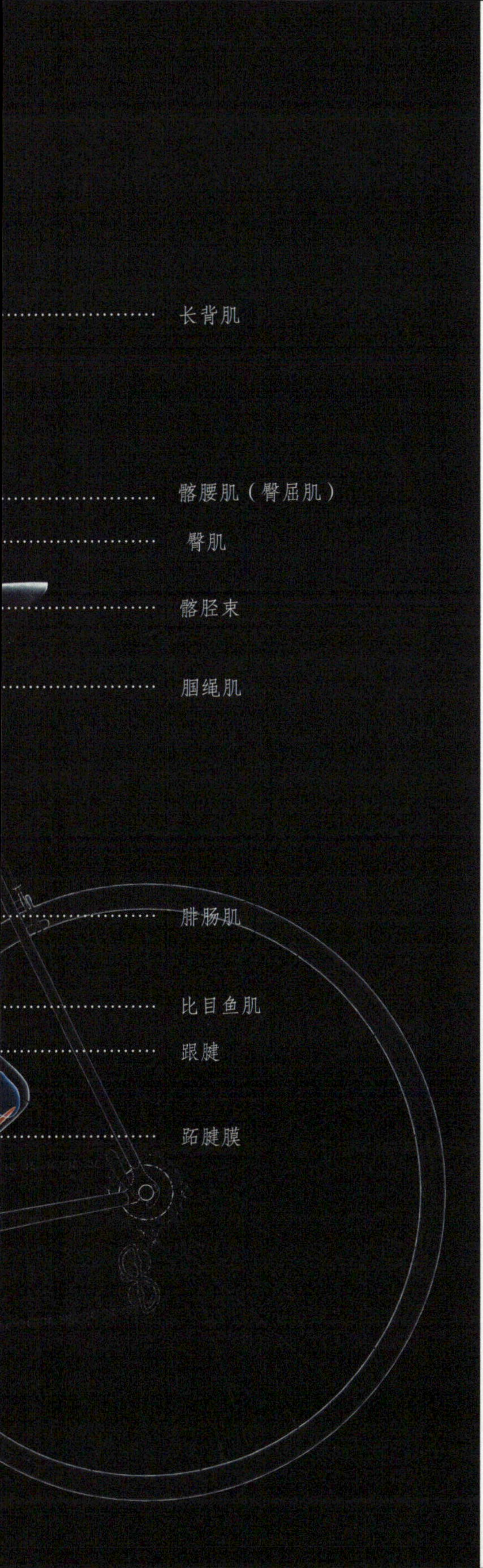

长背肌

髂腰肌（髋屈肌）

臀肌

髂胫束

腘绳肌

腓肠肌

比目鱼肌

跟腱

跖腱膜

02

自行车相关的
人体解剖学

自行车相关的人体解剖学

在这一章中，我们将研究某些肌肉、关节和肌腱的作用，它们都与骑行力量的产生（力矩）、稳定性、姿势、衰减和换气有关。功率输出是最重要的，它受限于维持骑行姿势的能力。我们应该明白到底是哪些肌肉与功率输出和维持骑行姿势有关。

推动自行车前进的力量来源于一系列具有收缩功能的元素（肌肉）之间的协调，这些力量通过关节和一系列杠杆（骨骼）在脚踏上产生了力矩。肌肉本质上是一系列滑动的纤维。这些纤维可以保持静态位置（等长收缩），也可以通过收缩创造力量（向心收缩），或者通过控制肌肉长度（离心收缩）来吸收负荷。

假设你的右手拿着一个罐头，使肘部与身体成一个直角，同时身体保持完全静止。此时手臂的肱二头肌既没有收缩也没有延长，但是肌肉仍然在对抗着重力以保持手臂和罐头的位置不动，这就是等长收缩。如果弯曲肘部使罐头向肩膀靠拢，这是在缩短肱二头肌，这就是所谓的向心收缩。如果你以保持控制的方式慢慢降低手的位置（而不是任其自由下落），此时肱二头肌虽然是在延长，但是肌肉仍然在对抗重力并控制着罐头的重量，这就是离心收缩。

与中枢神经系统（脊髓和大脑）相连的神经所产生的刺激控制着肌肉的动作和反应。神经肌肉控制中的神经部分通常会被人们忘记或忽视。你的肌肉也许很强大，但是如果控制或协调不佳，那也无法发挥其潜力。那些创造力量的肌肉是通过肌腱附着在骨骼上的。肌腱由纵行排列的胶原纤维组成，非常利于传输力量。所有与自行车移动相关的肌肉都是通过创造力量踩动脚踏来驱动自行车

的。"力矩"指的是作用于一个杠杆的力量，使杠杆绕着一根轴旋转的趋向，因此很适合用来描述踩踏力量。

下肢的解剖学

关节具有多个活动轴，为了完成目标动作，需要协调各个关节的活动。这种协调是一个非常复杂的过程，涉及许多不同的元素，比如肌肉、关节和神经。过度的活动（太松懈）或受限的活动（太僵硬）都会影响此活动所属的动力学链条中前后的关节。身体某部分的运动会影响身体另一部分的运动，就像一系列杠杆一样，一定要意识到这一点。

例如，膝盖的不规则运动可能是由脚或髋部的不正常活动引起的，而不一定只与膝盖有关。

髋骨

髋骨是骨盆的一部分，是踩踏力矩链条的起始之处。骨盆有一个叫作髋臼的凹槽连接着股骨（股骨又称大腿骨），共同形成髋关节。

髋关节指导着骑行中的弯曲、伸展和旋转动作。髋关节频繁地不规则运动将会限制髋骨（因此也限制了腿）通过踩踏循环顶点部分的能力。

由于股骨很长而且周围肌肉（臀肌和大腿/膝盖的四头肌）很多，所以在骨盆周围可以产生大力矩。

骨骼系统

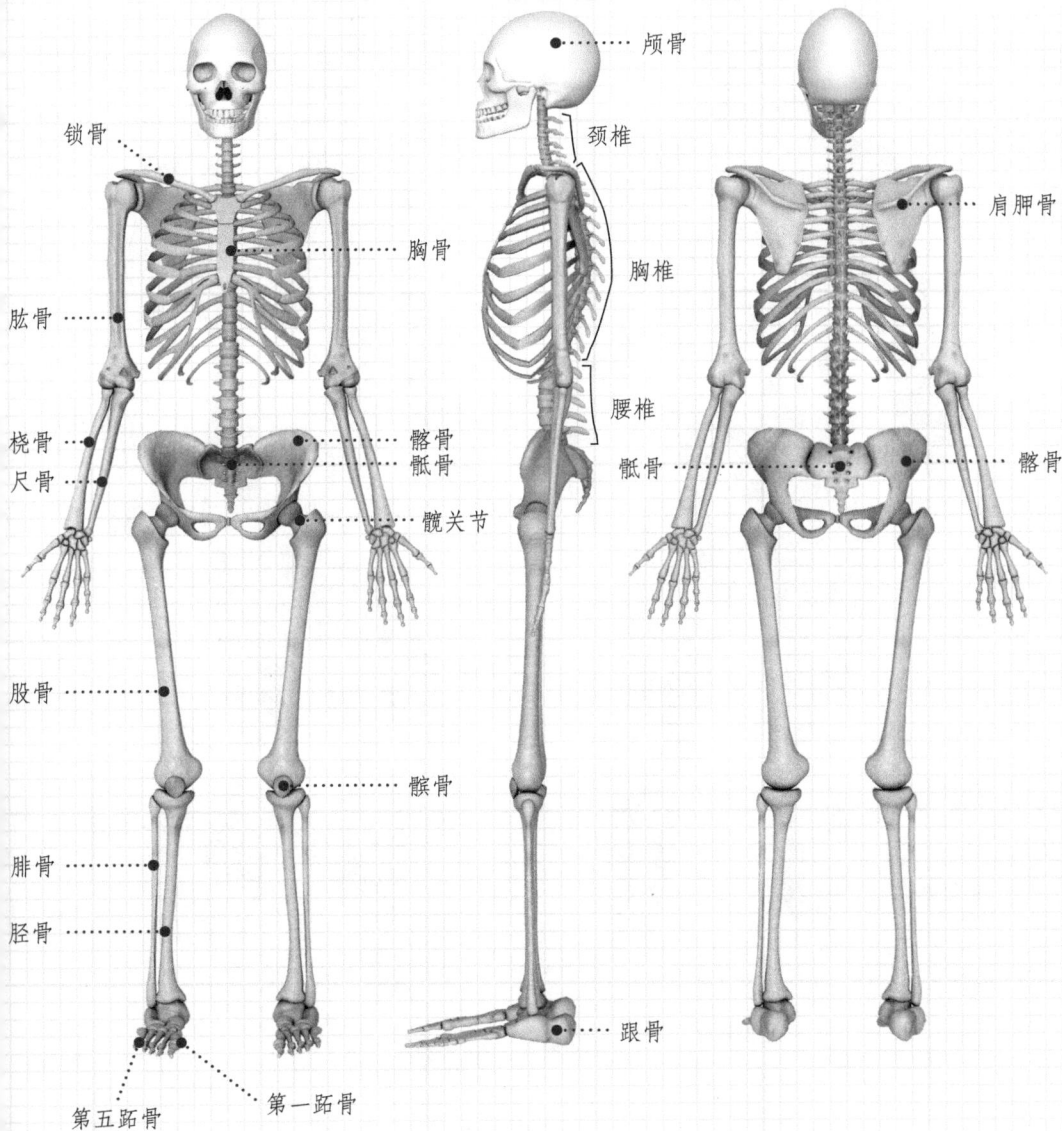

锁骨

颅骨

颈椎

胸骨

肱骨

胸椎

桡骨

腰椎

尺骨

髂骨
骶骨

髋关节

肩胛骨

骶骨

髂骨

股骨

髌骨

腓骨

胫骨

跟骨

第五跖骨　　　第一跖骨

肌肉系统

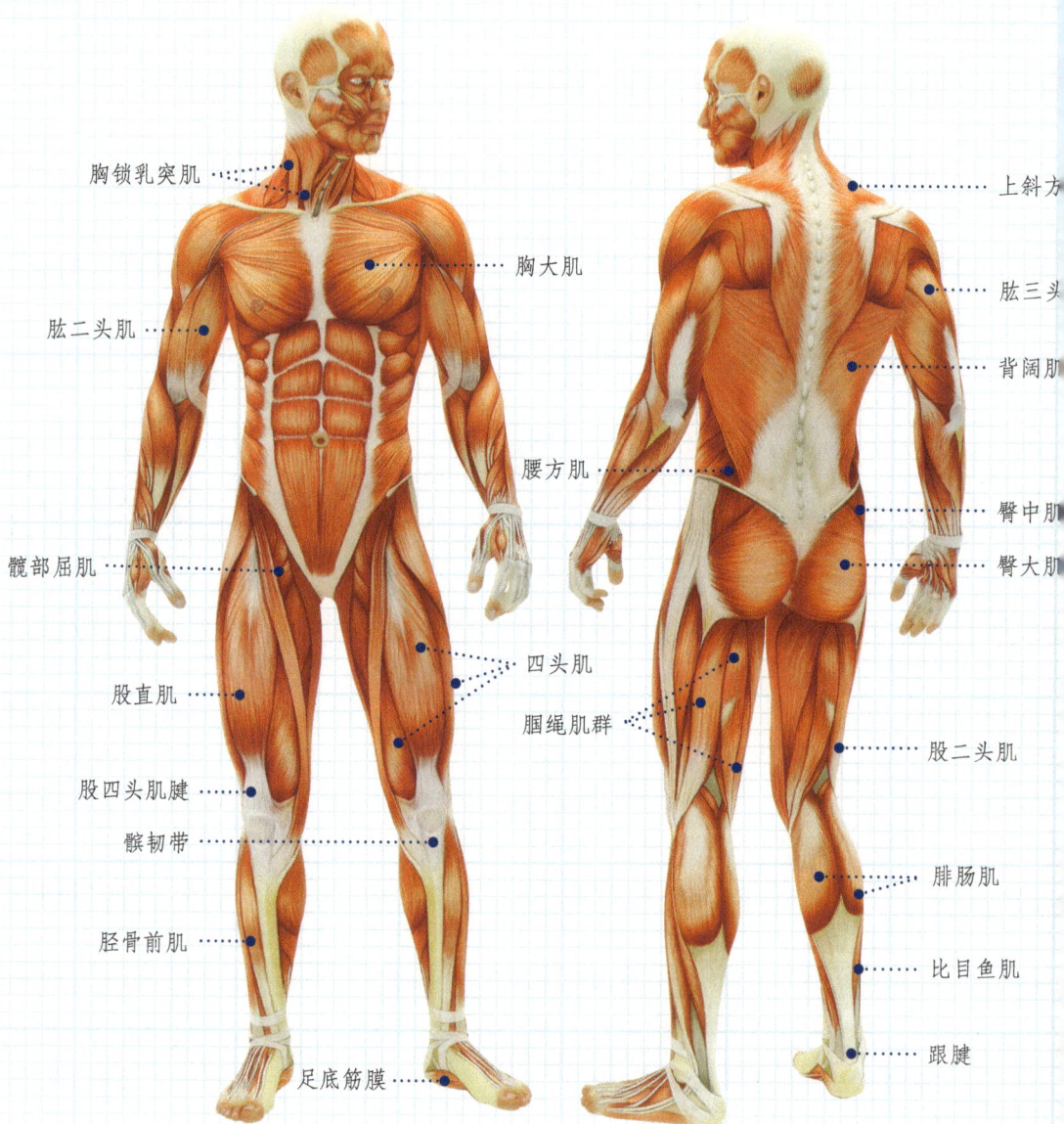

胸锁乳突肌

胸大肌

肱二头肌

髋部屈肌

股直肌

股四头肌腱

髌韧带

胫骨前肌

足底筋膜

四头肌

腘绳肌群

腰方肌

上斜方

肱三头

背阔肌

臀中肌

臀大肌

股二头肌

腓肠肌

比目鱼肌

跟腱

骨盆

骨盆在很大程度上是由两个骨骼区域组成的：坐骨和髂骨。这两块骨骼在骶骨（骨盆后方的大三角骨）之间用关节连接，脊柱底部在所谓的骶髂关节上。腰部有问题的人很可能听说过骶髂关节，因为它非常接近腰椎并且可能引起疼痛问题。坐骨在自行车运动中非常重要，因为腘绳肌腱就是源于此处的坐骨结节。同样在自行车运动中很重要的是组成髋部屈肌的肌群，特别是位于内部的髂腰肌。髂腰肌是由填补髂骨两侧的髂肌以及源于最后3节椎骨的两块腰大肌组成的。髋部屈肌是自行车运动中很重要的肌群，但人们常常会误解髋部屈肌的作用，与之相关的问题也常被误诊。实际上，除了极限型骑行或场地争先赛骑行以外，髋部屈肌对拉动股骨的贡献很少（10%~15%）。髋部屈肌紧张或疼痛并不是因为工作负荷太大，而是因为车手保持髋关节紧闭的姿势保持得太久了。

膝盖和大腿

膝盖涉及3块骨头：股骨（大腿骨）、胫骨和髌骨（膝盖骨）。股骨向下延伸到胫骨的顶部，它是人体内最长的骨头。力矩与产生力矩的杠杆的长度有关：强大的力量通过股骨之类的长杠杆，就能产生很大的力矩。膝盖骨作为一个支点，将股四头肌和臀肌创造的力量传导到胫骨上，并最终传送至脚踏。

髌骨–股骨关节

髌骨–股骨关节就是我们常说的膝关节，在自行车运动中，膝关节作为支点将力量传导到脚踏上。下面的斜侧视图展示的是膝盖以及髌骨在股骨上的位置。髌骨为三角形，是一块由肌腱骨化而来的籽骨。髌韧带附着的骨性突出位置就是胫骨粗隆。

髌骨正面	髌骨背面

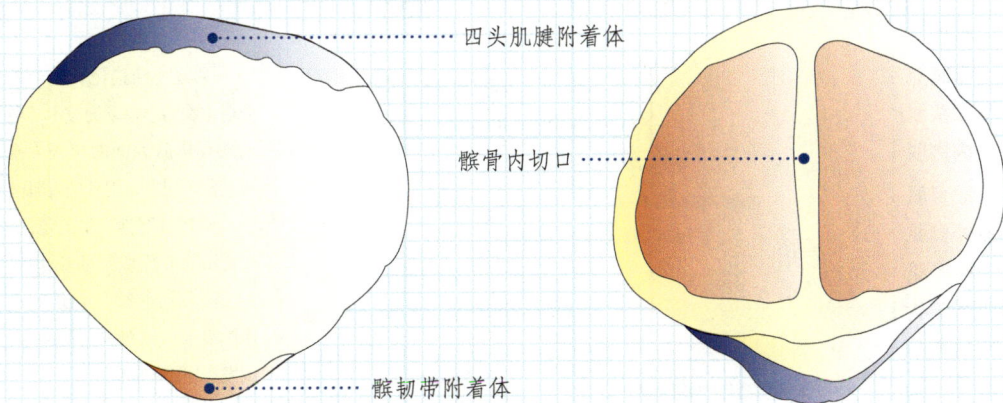

四头肌腱附着体

髌骨内切口

髌韧带附着体

髌骨与股四头肌腱一起负责将四头肌创造的力量经由胫骨传导到小腿上。髌骨在股骨和膝关节的底部顺畅地移动。

股四头肌腱将股四头肌连接到髌骨上，而髌韧带将髌骨连接到胫骨上。上页右下角的图片展示了髌骨的软骨表面和髌骨内切口。髌骨内切口在股骨末端的两个骨节形成的凹槽内滑动。髌骨 – 股骨关节有一个特别光滑的软骨表面，其摩擦系数是两块冰互相滑动产生的摩擦系数的 9 倍。因此，有许多原因会导致髌骨滑动得太远，从而引起疼痛。

踩踏动作需要下肢许多肌肉一起协调运动。通过在骑行过程中测量肌肉内的电活动（肌电图），证实了股四头肌和臀肌是踩踏中产生力矩的主要肌群。换句话说，你的大腿和臀部的肌肉才是自行车骑行的关键所在。

股四头肌群

股四头肌群位于大腿的前面，由 4 块肌肉组成：股外侧肌、股内侧肌、股直肌和股中间肌（位于股直肌下方）。股四头肌群负责膝关节的伸展。当股四头肌群向心收缩（即肌肉缩短），膝关节就会伸直或伸展。股直肌是唯一同时经过髋关节和膝关节的一块股四头肌，因此被称为"双关节"肌肉，它可以弯曲髋关节。当股直肌失去应有的功能或收缩得太短时，会增加关节周围所承受的压力，因此股直肌紧张通常是膝盖疼痛的原因（在这种情况下就是髌骨 – 股骨疼痛）。伸展力或推进力的力偶是由臀大肌产生的。

腘绳肌群

腘绳肌群包括股二头肌、半膜肌和半腱肌，在踩踏循环底部时负责稳定膝盖，并驱动双腿完成踩踏循环的后半部分。

小腿

在自行车运动中，小腿负责将股四头肌群和臀肌的力量传导到脚踏上。小腿包括胫骨、腓骨、脚踝和脚。脚踝由位于跟骨之上的距骨组成。脚大体上可分为 3 个不同区域：足后段、足中段和足前段。脚的不规则运动可能源于这 3 个区域中的任意一个。脚的长骨被称为跖骨，

自行车手的肌电图分析

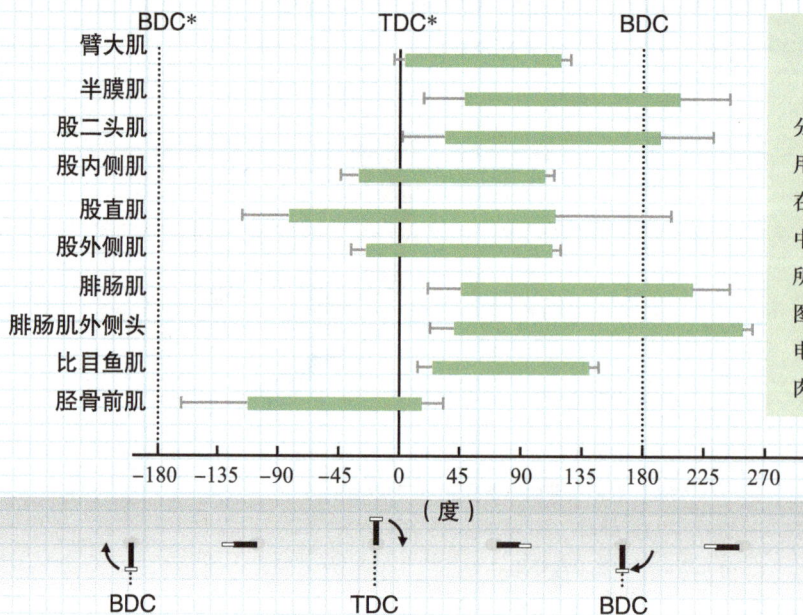

肌动电流描记术

肌动电流描记术是一种分析生物力学运动的技术，利用放在皮肤表面的电极（或在某些情况下，用针插入肌肉中）探测肌细胞产生的电位。所使用的工具被称为肌动电流图（简称肌电图）。左边的肌电图显示了一个踩踏循环中肌肉发挥作用的时间点。

曲柄角度以上死点为基准
*BDC= 踩踏循环的下死点
*TDC= 踩踏循环的上死点

了解跖骨的位置很重要，因为需要利用跖骨来确定双脚在脚踏上的正确位置。

肌电图研究表明，尽管小腿肌群并不能显著地增加动力链条所创造的力量，但确实能帮助小腿保持稳定并更好地将力量传导到脚踏上。如果腓肠肌群无法有效工作，就会损失力量，所以不要因为它的净贡献值没有期望中的那么大，就认为它无关紧要。

腓肠肌和比目鱼肌能够帮助稳定双脚，建立一个刚性的杠杆来推动脚踏。这些肌肉共同构成了小腿肌肉。腓肠肌有两个头，从膝盖上的股骨开始，向下延伸到跟骨。腓肠肌与比目鱼肌相互结合后形成了跟腱，跟腱是同属于这两块肌肉的。比目鱼肌比腓肠肌的位置更深（离皮肤更远），有利于双脚成为推动脚踏的刚性杠杆。比目鱼肌起源于略低于膝盖的位置（在胫骨和腓骨上），并经过跟腱延伸到跟骨。

其他支撑双脚的肌肉包括：脚踝内转肌、外转肌和踝背曲肌。这些脚和脚踝的肌肉起始于小腿并支撑着足弓。

躯干和背部的解剖学

虽然双腿负责完成大部分工作，但它们仍然需要有一个强大的支持基础，这时就需要躯干和背部肌肉的参与。针对车手背部肌肉的研究表明，对脚踏施加的压力增大时，背部肌肉的活动也会增加。

背部的肌肉都是循序排列。在腰部的是被称为多裂肌的小肌肉，它的位置很深。还有一块较大的被称作腰方肌的肌肉。在脊柱承受横向或转动负荷的情况下，这些肌肉能够帮助稳定脊柱。

背部的下一层肌肉是最长肌。这些肌肉是覆盖后背多个部分的伸肌，在自行车运动中帮

助维持姿势的稳定性。

腹部肌肉系统主要负责在短时间内承受强大力量的情况下保持躯干的稳定性。如果你是在有氧条件下骑车，通常会利用腹部肌肉进行腹式呼吸。

斜方肌和背阔肌起始于上背部和肩膀。这些肌肉都是骑行中重要的稳定器，因为它们能固定住手臂，就像铁锚的作用一样。当你踩左侧脚踏时，右侧背阔肌会使右臂保持稳定并拉住车把；踩右侧脚踏时，情况相似。在强力踩踏、爬坡或冲刺时，你确实可以感受到双臂的这种工作方式。在较轻松的骑行中你也会发生这样的情况，但不是很明显。

肱二头肌与背阔肌一样也具有稳定肌肉的作用，同样是反作用于双腿产生的力矩，通过拉动车把来稳定躯干。右臂反作用于左脚产生的力矩，从而稳定住躯干；左臂则反作用于右脚产生的力矩，同样能稳定住躯干。

衰减

衰减在本质上是吸收负荷，就像是减震器的作用一样。骑行中吸收路面冲击的主要肌群是肱三头肌和小腿肌群。肌肉的离心收缩动作能够消除或弱化负荷。肱三头肌能够弱化来自车把的震动和负荷，保护颈部和肩膀。小腿肌群的负荷衰减作用能让你在骑行通过崎岖表面时保持躯干和髋部/膝盖的稳定。

姿态

姿态指的是保持一种身体姿势，需要有适当的关节灵活性、关节和肌肉的协调性以及肌肉耐力，其中的任何一个方面出问题都会导致姿势不当。良好的骑行姿势需要腘绳肌群和臀肌具备很好的灵活性：这能使骨盆向

前上方旋转，在握车把时让背部保持一个齐整的形态。

背部无法保持相对齐整形态的一个主要原因就是胸椎僵直：脊柱中段缺乏灵活性通常会导致脊柱弯曲程度过高。骑行过程中，如果脊柱过度弯曲，将会妨碍呼吸并削弱稳定脊柱的能力。脊柱不稳定就很难以脚踏为受力点产生力矩。

换气

换气指的就是空气进出肺部的动作。这对耐力运动员来说是至关重要的。换气过程的效率要尽可能地高。肺位于由肋骨组成的骨骼构架内。部分肋骨与胸椎相连接，从而固定在身体上。换气既有一些解剖学限制因素，也有自行车特有的限制因素。举例来说，换气的一个解剖学限制因素是胸椎过于弯曲（即向前弯曲），从而导致胸腔无法充分扩张；而自行车特有的限制因素包括：紧凑的空气动力学姿势限制了呼吸，或者靠后的车座位置使车手只能通过弯曲脊柱来保持坐姿骑行。

耐力运动员换气的最有效方式是腹式呼吸，通过隔膜的收缩与舒张控制肺部空气的进出。换气涉及的肌肉还包括：肋间肌（位于肋骨之间）、腹部肌肉、斜方肌、肩胛提肌和斜角肌。如果腹式呼吸被这些肌肉所连累，那么会出现慢性过度劳累，导致肌筋膜类疼痛（即肌肉和肌肉表层之间的疼痛）。这种疼痛常见于上颈部肌肉和肩部肌肉。

接触点

简单地说，接触点指的是你的身体与自行车相接触的点。我们在后文会有更详细的研究，下面先来看看正确设置接触点如此重要的解剖学原因。

这5个主要接触点是麻木和疼痛的来源：双脚与脚踏、双手与车把、骨盆与车座。如果血管和神经组织承受了非正常压迫，可能会出

脚的神经

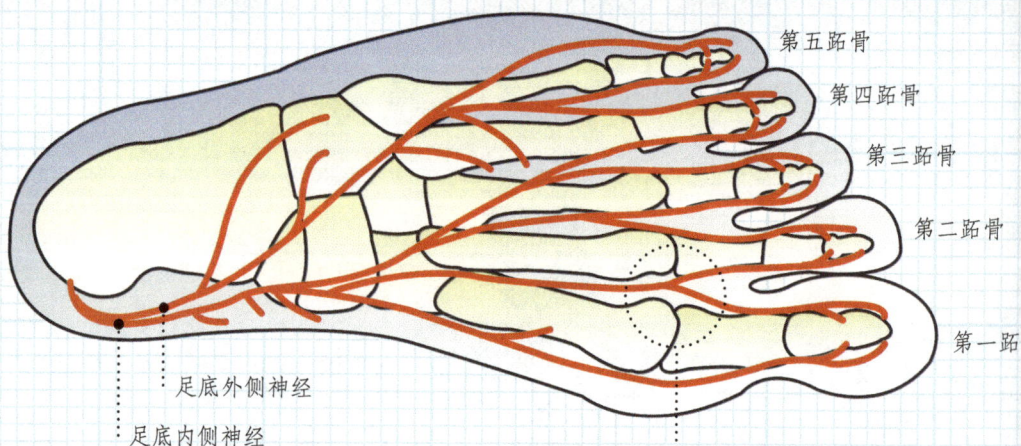

第五跖骨
第四跖骨
第三跖骨
第二跖骨
第一跖

足底外侧神经
足底内侧神经

神经压迫的共同区域位于跖骨之间。第一跖骨和第二跖骨之间的是最大的共同区域（莫顿神经瘤）。在鞋垫上留一个跖骨位往往能完全缓解这个问题。

现肢体麻木、无力和疼痛等现象。

双脚与脚踏之间接触

上页底部的图片显示了足底的神经分布。锁片位置不当、支撑不当或脚受到不正常压迫，都会导致组织损伤。静脉血管系统向心脏输送血液，小动脉系统则将含氧血液从肺部输送到肌肉中，处在这两个复杂系统之中的是神经，这里将其描绘为红色。注意它们在跖骨头之间的轨迹。神经是与单车相关的脚部疼痛的主要原因。

双手与车把之间接触

手部的两大神经是正中神经和尺骨神经。这些神经通过两个管道进入手掌区域：腕管（正中神经）和居永管（尺骨神经）。握把姿势不当包括：握把姿势太宽，导致手指张开；或者由于整体骑行姿势不当，而使手掌承受了过多压力。这样的姿势将压迫神经，引起疼痛、麻木以及某些肌肉虚弱无力等症状。压迫正中神经将导致前三根手指和第四根手指的半侧出现麻木症状，而尺骨神经压迫会导致第五根手指和第四根手指的另一半出现麻木。

骨盆与车座之间接触

骨盆与车座接触的区域布满了对压迫很敏感的动脉和神经。因身体结构和 BIKE FIT 而产生的不正常压迫，会引起麻木、疼痛或组织功能丧失。

手部神经

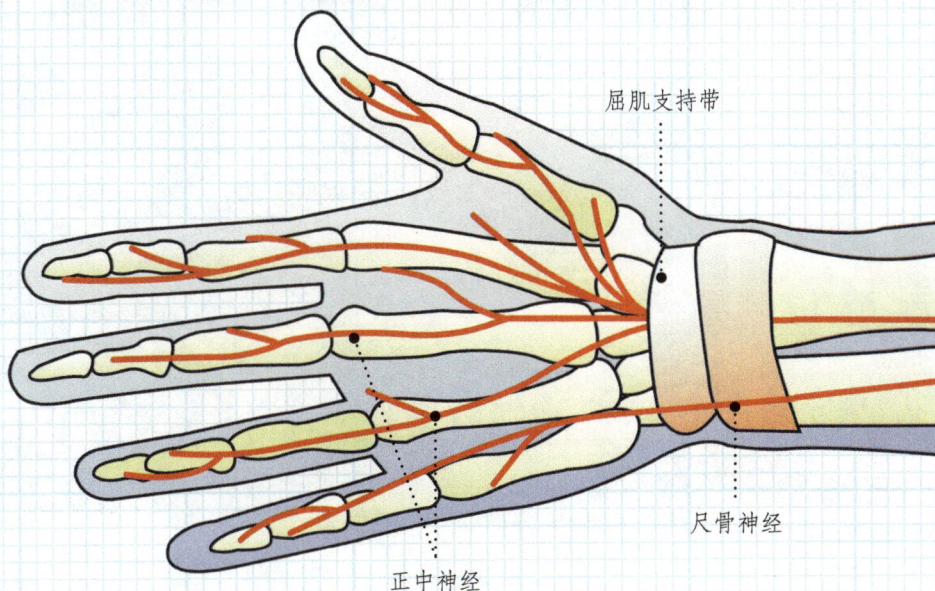

屈肌支持带

尺骨神经

正中神经

03

BIKE FIT
窗口

BIKE FIT窗口

经常有人问我：什么才是最完美的骑行姿势？我的回答是：你的目的是什么？所谓的完美骑行姿势取决于你的目的：功率、舒适性、气动性或者是避免受伤。

你可以轻松地分别为每个目的设定最佳的姿势，但所有的姿势都是这4个目的之间相互权衡的结果。车手们都希望让姿势更符合自己所偏好的目的，但是这又会受限于自己的能力。什么才是权衡之后最完美的骑行姿势？我认为完美骑行姿势的持续时间最多不会超过一天，所以它并没有那么重要。一个人的完美骑行姿势每天都是不同的。比如一个关键的参数：弯腰碰触脚趾的能力。这种能力是人体"分段灵活性"的一个组合——膝盖、髋部（腘绳肌）和腰－骨盆区域的灵活性。随着年龄和伤病的增加，我们的身体灵活性会变得越来越差，但这种变化的速度却是因人而异的。超过50%的人都有某种形式的腰痛，我们久坐不动的生活方式对此负有一定责任。

我能在周五早上8点为你设定一个完美的骑行姿势。在此之前的一周里，你一直坐在办公桌前工作，你腰部的灵活性相对较差。为了顾及这一点，我会将姿势设定得更保守、更直立，车把的位置也会较高。但经过整个周末的骑行之后，你的理想骑行姿势就会发生变化：相对于周五早晨，你此时的腰椎具有更好的灵活性，所以你的完美姿势也必须有所变化。此时将是一个更激进且不那么直立的姿势，车把的位置也会更低。实际上，即使是晚上睡眠质量的差异也足以改变一个人的完美骑行姿势。

职业车手在完成长距离山地赛段后也是如此。此前长时间的爬坡让他们痛苦不堪。在进

标准单车零部件

车座
把立
垫片
手变头
刹把
上管
座杆
下把
下管
前叉
脚踏
曲柄
后下叉

入像环法赛事的平地赛段后，他们的理想姿势也会发生改变，有些车手会非常细心地据此设定不同的骑行姿势。

因此，我宁可考虑"BIKE FIT窗口"，而不是去考虑如何设定一个完美的姿势。我认为最早是安迪·普瑞特创造了这种表述方式并使其流传开来，这个词组完美阐述了我们应该如何看待人与自行车之间随时变化的关系。想想你的3个主要测量数值和接触点：车座高度、车把以及脚／锁片。BIKE FIT窗口指的是每个变量的最大值和最小值之间的范围。例如，我通常会在BIKE FIT窗口内描述车座高度（假设高度基本上正确）是高还是低。可接受的最低车座高度可能是78厘米，而最高则为79.5厘米。这两个界限之外的高度就显得不理想了，但如果高度在此区间之内，有些人就会觉得非常舒适并发挥得很好。车座高度在周五的时候应该在区间的下限附近（此时你的灵活性较差），而在周一时应该在区间的上限附近——你的BIKE FIT窗口随着灵活性的改善而有所改变。

但BIKE FIT窗口并不只是这些。重点在于脚与脚踏之间接触点的关系。你会经常听到人们把车座高度和脚–脚踏的关系描述为车手的"姿势高度"，而车把决定了"姿势长度"，因为车把位置决定了身体前伸的长度：较低的车把意味着你的身体必须更加向前伸。车座的前后位置也会影响姿势长度，我们将在后文中讨论这一点。大多数BIKE FIT首先专注于设定好最优的后端高度，因为功率输出就是来源于此，可以说是发动机舱。接着再设定前端的姿势，确保车手保持平衡、后背角度舒适、手臂的肘关节能够放松。这一切决定了头部姿势是否舒适——车手能否舒适地抬头观察前方路面。

侧面BIKE FIT平衡的第一原则就是——设定后端的高度和前端的姿势让车手的倾斜度达到最优。如果设定错误，就会使车手过于向

骑行姿势中高度和长度的平衡

正确的平衡	太长且太低	太短且太高

上死点与下死点

上死点和下死点这两个术语，分别用来表示踩踏过程中脚位于最顶部和最底部的位置。如果一条腿位于下死点，那么另一条腿就会位于上死点，脚踏将位于牙盘组的正上方和正下方，而曲柄臂则是垂直向下。

前倾斜或是过于向后倾斜。

关节角度

BIKE FIT 窗口可以用自行车上的一些关键测量数据来表示，比如车座高度以及前伸量（即从车座鼻端到车把的距离）。能够决定测量数据的因素是车手与自行车之间的相互关系。车手在特定骑行姿势中所具有的关节角度最能表达这些因素。这里所说的关节角度，指的是膝盖等的弯曲角度——比如在踩踏循环的下死点位置时，膝盖的伸展角度为35度。许多骑行爱好者都知道这些关节角度都有一个最佳范围，如

果超出这一范围，BIKE FIT 就会变得不理想（即受伤、不舒服或者限制能力发挥）。我利用关节角度来优化 BIKE FIT，而不是用公式。下面是以关节角度为视角的公路自行车 BIKE FIT 窗口。

如何进入 BIKE FIT 窗口

如果你是天空车队新签约的车手，或者是加入英国自行车协会项目的年轻车手，那你可能已经很擅长骑车了。但你还是会对我们在骑行姿势方面的理解感到很惊讶，即使是最好的车手也是如此。在首次分析一名新车手时，我会带领他完成一个以动态 BIKE FIT 为核心的程序。静态 BIKE FIT 在一定程度上也挺好，但是动态 BIKE FIT 才是黄金标准——你可以在车手实际骑行过程中测量他的膝盖与脚的相对位置。尽管两者的目标和 BIKE FIT 窗口的基本原则是相同的，但动态 BIKE FIT 是实现目标的一种不同的（我相信也是更好的）方法。

公路自行车的Retül基本测量平均值和范围

肘关节角度 150～160度
髋关节角度 55～70度
膝关节伸展角度 35～40度
上下死点踝关节角度差范围15～30度

本书中所使用的关节角度范围参考的是Retül标准范围。这是目前英国自行车协会和天空车队所使用的测量规范。注意图中的"上下死点踝关节角度差范围"指的是踩踏过程中踝关节角度应具备的变化范围，而"髋关节角度"指的是髋关节在窄时的角度范围，比如图中此时左腿的角度。

车座

车座高度是影响力量输出的关键。人们通常认为车座高度是最重要的自行车姿势设定，我也同意这一观点——许多其他设定建议（比如车把或脚踏）实际上只是为了弥补未达最佳标准的车座高度。因此，首先应该从车座高度开始。

所谓最佳车座高度，指的是在踩踏循环下死点时，腿能够达到完全伸展开的自然姿势。这又取决于膝关节和踝关节的角度。对于普通爱好者而言，膝关节的伸展角度在35～40度内最佳。而职业车手采用的膝关节角度可能达到30度。

> 除了上下移动车座外，还可以通过许多不同的方法改变相对车座高度。任何改变车座到脚踏距离的自行车设定都能有效地改变车座高度。

所有姿势都是功率输出、舒适性和避免受伤这些因素之间权衡妥协的结果。下面的图片清楚地表明有一个最适合功率输出的车座高度。如果车座高度太低，股四头肌和臀肌就无法产生足够的力量，因为这些肌肉无法达到最佳长度。如果车座高度太高，膝盖又会过度伸展，导致车手的腿无法控制脚踏，产生的力量会变小。最适合功率输出的车座高度是你必须努力实现的目标。这样的车座高度通常非常靠近上文提到的BIKE FIT窗口的上限，在下死点时的膝关节伸展角度需要在25～30度。

达到这一角度的主要限制因素是我们的腘绳肌腱灵活性。腘绳肌腱过紧阻碍了膝关节伸展，使得骨盆无法向前推展，因此许多人在下死点时的膝关节伸展角度永远也无法小于40度。

如果不考虑车手的灵活性，只依据功率输出为其设定最佳车座高度，那么他们的膝盖后侧会出现紧张和疼痛症状，而且随着时间的推

膝盖角度

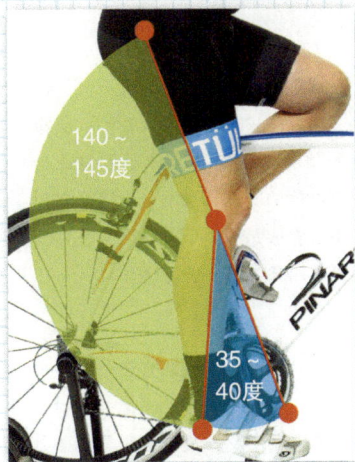

140～145度的膝盖伸展角度（在业内我们将其称为35～40度，指的是伸展时与腿完全伸直时相差的角度）最适合普通骑行爱好者。

功率输出与车座高度

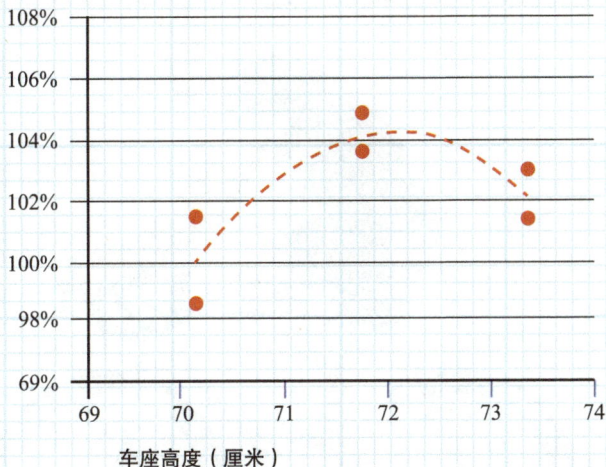

车座高度（厘米）

随着车座高度的增加，功率也会随之增加，但是到某一点后功率会随之下降。靠近下降点之前的位置是最适合功率输出的车座高度。这个高度对于舒适性而言不太可能是最合适的。

移，还可能引发过度劳损。

如果车座高度太低，在腿通过上死点踩踏并向下踩的过程中，将会增加髌骨所受到的压力，这也会引起疼痛和损伤。所以车座高度应该是一个权衡妥协的结果。

如果你想骑得安全又舒适，就应该考虑到所有因素。理想情况下，你应该致力于达到 BIKE FIT 窗口的中间位置。

设定车座高度的静态方法

静态设定车座高度的最简单方法：在踩踏循环下死点时，让脚后跟刚好踩在脚踏上。有许多人提倡使用这种方法。如果你刚开始骑行，这种简单方法能让你获得大致正确的车座高度。

你只需要坐在车座上，脚后跟踩在脚踏中心处向后旋转，如果车座高度正确，那么在到达下死点（即 6 点钟位置）时你的膝关节应该完全伸直。如果膝盖仍然弯曲，或者脚后跟脱离了脚踏，那就相应地调整车座高度。

静态方法的缺点是它忽略了许多因素，例如锁鞋的厚度、锁片的位置、车座的后移量以及你的踩踏风格。

踩踏风格

前文说过，车座高度是由"腿在充分伸展时的自然特性"所确定的。这不仅包括膝关节角度，还包括踝关节角度。车手的踩踏风格各不相同；与踩踏时脚后跟下沉的车手相比，那些踩踏时脚尖朝下的车手，在不改变膝关节角度的情况下，也能够达到更高的车座高度。如果踩踏风格很极端，那你就不能只根据膝关节角度实施 BIKE FIT。

公式法

我在引言中简要地介绍过公式。业内流传着许多"神奇"的公式，但你最有可能知道的应该是格雷格·雷蒙德和他的教练在 20 世纪 80 年代初所提倡的那个公式。首先，你需要测量胯高：背靠着墙站立，把一个类似于车座的平面物体放在胯部下方，并模仿骑行时车座

脚后跟对脚踏方法

如果使用静态方法设定车座高度，那么为了使结果更精确一些，膝关节角度应该要比本文推荐的完全伸直的角度再小 10 度。这是因为针对车座高度的更加动态的分析将腿的旋转中心看成一个整体，而静态方法仅是使用膝盖中心进行计算。

脚后跟对脚踏方法

在脚踏位于下死点位置时，调整车座高度，使脚后跟刚好接触到脚踏。

对身体所施加的压力；以厘米为单位测量地板与胯部之间的距离；然后，将测量所得的数值再乘以 0.883，这就得到了车座高度。这里的车座高度指的是从五通沿着立管到达车座顶端的距离。这种方法能让许多车手的车座高度位于 BIKE FIT 窗口之内。

公式法的缺点是没有考虑到人与人之间的细微差别：灵活性、骑行风格或是遗传特性（公式法无法帮助四肢很长而躯干很短的车手，反之亦然）。因此这种方法无法帮助所有人获得最佳的车座高度。

测角法

设定车座高度的另一种方法是使用一个长臂测角仪来测量膝关节角度。首先让脚处于下死点位置，然后测量 3 个关键点：髋骨（臀部侧面最宽的骨块）上的大转子、膝盖的旋转中心和踝关节外面的骨块。在静态测角法中，理想的膝关节角度是在 25 ~ 35 度，这能使大部分人舒适健康地骑行，同时还能保持功率输出。

测角法的主要缺点在于，这是一种静态测量方法，在测量时需要特别细心，而且可能无法准确模拟实际骑行中的姿势或是脚的位置。一旦你真的开始骑行，静态测量方法的设定就无法达到最佳标准。

设定车座高度的动态方法

迄今为止，设定车座高度最好的办法就是动态测量。也就是说，在实际骑行过程中记录车手的膝盖和脚踝角度的位置。比如 Retül 这样的系统能够在短时间内测量成千上万个数据点，并求出各种角度的平均值。如果把这些数据交到经验丰富的实施 BIKE FIT 的专业人员手中，他们就能够结合车手的身体限制因素进行评估，然后将骑行姿势调整到特定 BIKE FIT 窗口的正中心。

车座后移量或车座前后位置

一旦确定了车座高度，就要正确地设定车

雷蒙德公式法　　　　　　　　　**测角器**

胯高公式

根据这一公式，将胯高高度乘以0.883就能得出车座高度。这种方法对有些人适用，但是并非每个人都有相同的身体比例。

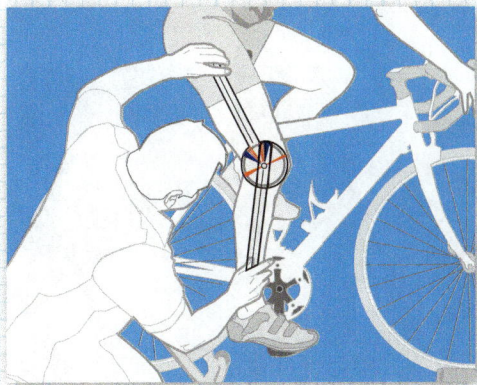

通过测量骑在车上的车手的膝关节伸展角度来设定车座高度。

座的后移量，或者说是车座的前后位置。这个参数很关键，它能够提升踩踏功率、避免损伤，并帮助车手在车上保持整体平衡。

车座后移量决定了膝盖和髋关节与脚／脚踏接口的相对位置关系。在踩踏循环中的 3 点钟位置上，如果膝盖和髋部相对于脚／脚踏位置太靠后，那么在踩踏时就很难产生最理想的功率输出。

相反，如果髋部和膝盖过于前移，导致膝盖在 3 点钟位置上超过了脚／脚踏接口，那么膝盖就容易出现问题，因为髌骨受到的压力变大了。

正确的车座后移量也非常有助于车手在自行车上保持适当的平衡。整体平衡指的是各个姿势设定点之间关系的协调，车座后移量就是其中的一个点。如果车座后移量太大，大部分体重将落在自行车的后端，使车前端的操控变得更轻、更难处理。这可能会很危险，比如在高速下坡拐弯时，如果坐得太靠后，你可能需

你可以自己试一试。首先非常靠后地坐在车座上，然后试着踩踏。你会发现很难踩踏，因为下踩和控制的点太靠前了。然后试着往前坐，只有臀部后端靠在车座上。这时你会感觉不舒服，身体也挤成了一团，此时髌骨将承受过多的压力。在 BIKE FIT 窗口内，车座后移量应该能让股四头肌和臀肌产生力量，使得一切都在控制之中，并且消除过度劳损的风险。

要前伸很长距离才能握住车把。这样过度拉伸组织可能会引发疼痛或伤病。如果车座位置太靠前，车手的手掌和手腕又会承受过多的压力，引起病痛问题，通常是尺骨神经病变。

如何设定车座后移量

静态方法

KOPS（Knee Over Pedal Spindle） 法，指的是让膝盖位于脚踏轴心正上方的方法。具体来说，在曲柄位于 3 点钟方向时，要让膝盖

膝盖位置相较于脚踏过于靠前	KOPS法：膝盖位于脚踏轴心正上方

注意膝盖前端与脚的相对位置关系。在这种"膝盖在脚之前"的情况下，髌骨所承受的压力会增加。

注意此时膝盖位置的不同。起始于膝盖底部的垂直线与脚踏轴心相交，减少了髌骨承受的压力。

位于脚踏轴心的正上方，从而得出正确的车座后移量。

　　传统的做法是让一条铅垂线从胫骨粗隆（膝盖的底部）往下落，然后调整车座，直到铅垂线与脚踏轴心相交为止。这种方法在理论和实践上存在许多问题，其他作者对此有许多详细的说明。实事求是地讲，人们很难准确地找到胫骨粗隆点，而且铅垂线也会不时移动，人们只能靠主观判断来确定是否垂直。KOPS法在计时赛等特殊骑行类型中应用时还会有其他一些缺点。

　　如果要使用KOPS法，我更偏向于使用一把直尺（如米尺）放在髌骨前端，并确保直尺位于脚踏轴心的前方。按照这种方式，KOPS法能帮助许多人获得安全的车座后移量。

　　当然，与所有静态测量方法一样，这种方法的缺点在于它要求车手要完全按照实际骑行中的方式坐在车座上。这在静态测量环境中是很难做到的。

动态方法

　　在Retül系统中，通过15秒的实际骑行就能采集超过10000个关于膝盖与脚相对位置的数据点，然后计算这些数据的平均值得出车座后移量。这种方法能清楚地记录车手在实际骑行中的姿势。实施BIKE FIT的专业人员将使用这些数据调整车座后移量。如果平均而言膝盖更经常位于脚的后方，那说明这是一个安全的车座后移量。我知道大多数人都没有Retül系统。我们要时刻提醒自己，虽然动态测量系统是最先进的BIKE FIT方法，但它仍然只是一个测量系统——就像尺子一样！真正的关键在于对数据的解读。

Retül系统

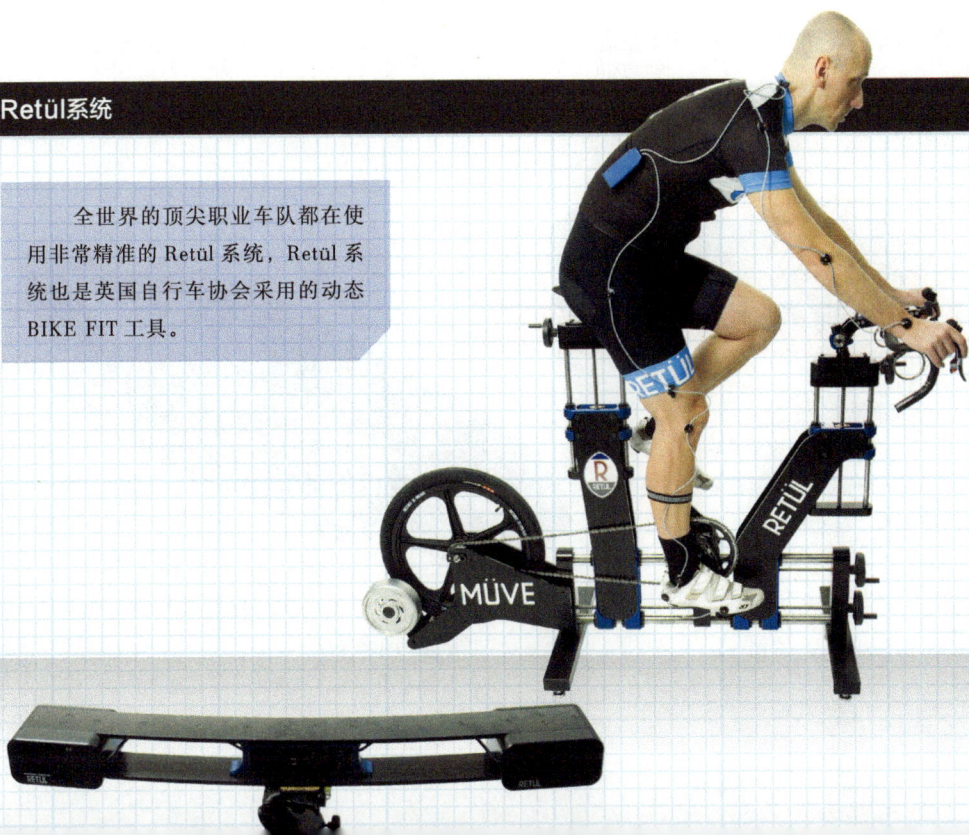

　　全世界的顶尖职业车队都在使用非常精准的Retül系统，Retül系统也是英国自行车协会采用的动态BIKE FIT工具。

车座舒适度

臀部疼痛在各种水平的车手当中都很常见。根据我的经验，女性的问题会比男性多，而且她们的问题往往更严重，但是目前还无法完全了解其中的原因。我还没有找到一种灵丹妙药似的解决方案。但我们一定要记住，应选择一个适合自己身体解剖学结构的车座。人与人之间是有差异的，比如一个臀部较宽的车手应该选择一个支持面更宽的车座。近几年来市面上涌现出一批能够测量骨盆两个承重区域坐骨结节之间距离的装置。

在实践中，很难只通过观察车手和车座来衡量车座的舒适性，因为车座的舒适性会受到许多因素的影响。例如，骑行时间会影响一个车手对车座形状、硬度和角度的接受能力，因为我们的身体组织会逐渐变强以适应一定时间的坐姿骑行。可惜的是，过度的不适感会让天平倾向另一边，引起炎症和刺痛症状，而不是适应。我们

身边总有一些人因为臀部疼痛而放弃了骑行。

奇怪的是，经验丰富的车手通常在轻松的长距离骑行中会出现臀部疼痛，而在高强度骑行中却不会。这是因为如果你非常努力地骑行，那么施加在车座上的压力就会较小，因为双腿的用力踩踏间接地支撑了体重。新手因此会遭受双重打击：在学会用力踩踏前，他们会重重地坐在车座上，但是他们的臀部组织还没有适应车座。

找到一家好的自行车店，试用多个不同的车座。现在有可以用来快速更换车座的座杆夹，所以你应该能较快地完成试用。

不要错误地认为车座越贵越好，也不要认为垫料越多支撑效果就会越好。许多车座的价格之所以高昂，只是因为质量轻——比如使用碳座弓等，而且目标客户群是具备很高适应能力的竞赛级选手，因此舒适性并不是这种车座的主要目标。垫料很重要——计时赛中车座鼻端附近的垫料尤其重要。但你首要关注的应该

测量车座的一种设备

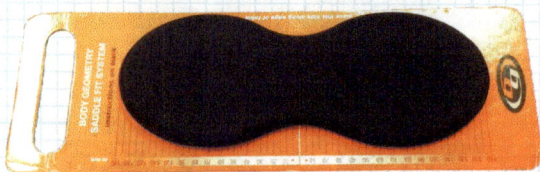

车座测量垫

记忆海绵能够用来测量两个坐骨之间的距离——你坐下然后站起来，就会在垫子上留下坐骨的印记。这有助于选择车座。

中空型车座

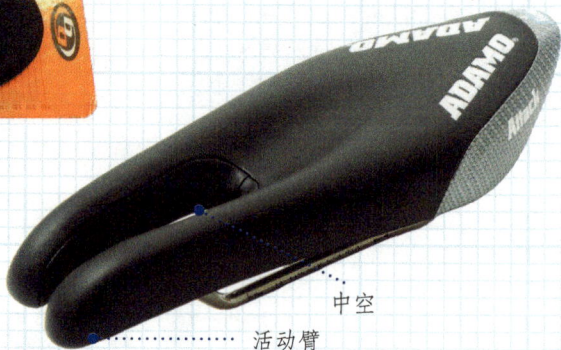

中空

活动臂

ISM的Adamo车座

一种创新型车座，能帮助一些人减少臀部疼痛。

是它的支撑能力。

外阴部麻木是男性和女性共有的一个问题。几年前开始出现的中空型车座是为了缓解受压迫区域的压力。这些压力会被转移到其他位置，中空的车座最后总是把压力重新分配到了两边。因此，这些车座对有些人适用，却对另外一些人不适用，在某些情况下甚至会让问题更严重。这些车座对于男性更有用，因为男性的疼痛和麻木是由于中间区域的压迫引起的，你想想也知道这是为什么。而多数女性往往遭受的是单侧肿胀以及阴唇疼痛或麻木问题，所以一个将压力分配到两侧的车座会让问题变得更严重。ISM 的 Adamo 之类的车座之所以能成功解决问题，并不是因为车座上有缺口，而是因为车座的两个活动臂能够随着车手踩踏而弯曲或旋转。

车座角度

如果你想参加由国际自行车联盟（UCI）

> 在英国自行车协会内，女性遭受车座相关伤害的问题曾经十分严重，迫使当时的随队医生罗杰·巴尔弗雷曼和我努力寻找一个解决方案，我们当时还与格伦·亨特及英国体育研究与创新团队一起合作共事。最后采取的方法大大降低了问题的危害，但仍然不能解决所有人的问题，这充分显示了车座选择的个性化差异程度之高。

组织和管理的比赛，那么这恐怕是一个有争议的问题。UCI 规定你的车座必须保持水平。有些 UCI 委员可能会允许有 1.5 度的偏差，但我也曾遇见过坚持所有车座必须保持绝对水平的 UCI 委员。对许多人来说，"水平"的车座角度是个明智的选择。首先，这能使车座与身体的接触情况符合生产商的预期，因为生产商生产车座时会假设实际使用中的车座角度是水平的。

不同的车座角度

车座鼻端朝上，骨盆向后旋转　　　　水平　　　　车座鼻端朝下，骨盆向前旋转

水平或是鼻端朝下
车座角度有很大的作用，因为它会严重影响骨盆的旋转活动。我的观点是车座角度应该保持水平或略微向下。

然而对其他人而言，UCI"车座角度水平"的规定引起了许多问题。许多车手饱受外阴部麻木问题的困扰。他们常常发现，如果把车座角度下降一两度，就能大大缓解麻木问题。有些人的特殊身体结构要求车座角度朝下，这样才能消除会阴部和其他组织所受到的伤害。如果检查大多数人的车座，就会发现他们的车座角度都是水平或稍微向下的。我认为没有理由要让车座鼻端朝上，如果碰到这种情况，我通常都会建议人们改变角度。我发现人们把车座设定成鼻端朝上的一个常见原因是为了避免身体在车座上往前滑。这是一个典型的调整目标错误：车手的身体往前滑动更有可能是因为车座高度不当或前后平衡错误，所以需要纠正的是这些因素，而不是通过车座鼻端朝上来阻止车手向前滑。

业余山地车爱好者更喜欢车座鼻端稍微朝下，原因很简单——从站姿踩踏变到坐姿踩踏时（他们比公路车手更经常做这个动作），车座鼻端朝下能够避免钩到骑行裤。

UCI 为什么会立法禁止这么一个似乎完全合理的接触点调整呢？答案在于格拉尔米·欧伯利、克里斯·博德曼以及其他伟大的创新者们。这些人采用的极端骑行姿势似乎让 UCI 突然陷入了极端保守的模式。车座角度朝下能让骨盆向前旋转，从而使背部变得更平，容易形成更符合空气动力学的姿势。车座鼻端朝下还有助于形成更适合臀肌创造力量的姿势，而这实际上会让你的姿势比 UCI 所允许的更加靠前。UCI 规定，穿过五通中心作一条垂直线，车座前端必须比这条线靠后 5 厘米。当时有些人把这一点推向了极限，UCI 认为这样做很危险而且与自行车运动精神不符。由于大多数人都不需要遵守 UCI 的规定，所以我建议人们将车座设定成水平或者是朝下 2 度以内。

测量车把宽度

在单车上测量
注意肩膀的外侧与手变头上的拇指/食指保持同宽。

站立式测量
这种测量方法测量的是两个肩峰（手臂与肩膀相接处的骨凸点）之间的距离。

肩峰

车把

市场上有各种各样不同形状和尺寸的车把。车把宽度一直是主要的设定参数，但形状和大小也很重要。人们普遍认为公路车车把的宽度应该等于肩膀的宽度。这可以在骑车时测量，也可以在不骑车时测量。在自行车上测量时，肩膀的外侧应该与手变头上的拇指/食指保持同宽。

在站立式测量时，要测量锁骨末端的两个骨凸点（即肩峰）之间的距离，从而得出较为适当的车把宽度。

这个测量值一定要正确，因为握把位置过宽会引起疲劳以及手掌麻木，其原因为双手张得太开了。车把太宽也会影响操控性，让车子转弯更慢。握把位置过窄又会引发肱三头肌疲劳，因为它要承受更大的负荷，同时会影响车子的操控性，让转弯变得过于敏感难以控制。

这些一般规则也有例外，山地车手会为了更好地控车而使用宽车把；而场地争先赛车手为了提高操控性喜欢使用窄车把——窄车把意味着单车更容易挤入其他车手之间的空隙，有些专业公路车冲刺手也会这么做。

形状

大多数人都会使用自行车上的原装车把。如果你需要更换车把，或者现有车把在前伸量、舒适性或操控性方面存在问题，那么在选新车把时不妨考虑一下车把的形状。在理想情况下，车把形状取决于你的骑行风格、手掌大小和前伸量。

下图显示的是车把的结构。爬坡时，你在大部分时间都会握住车把的水平部分。因此爬坡手通常喜欢这部分更宽一些，从而有更大的空间来变换握把位置。他们有时也会为了优化抓握感而青睐于椭圆或扁形的上把。另一方面，场地车争先赛车手倾向于选用更短的车把水平部分，而且从上把到下把的过渡曲线要为

车把的结构

太宽

太窄

车把太宽会迫使双手形成八字形的形态，增加了前臂、肘部和肱三头肌的负担。车把太窄会迫使双手握得太紧。

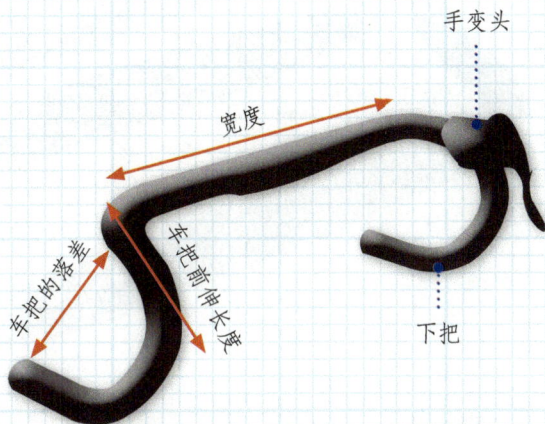

手变头

宽度

车把的落差

车把前伸长度

下把

圆形，这样有助于让车把变得更短，同时在握住下把骑行时可以避免手腕和前臂撞到上把。

落差和前伸量

落差指的是车座顶端与车把之间的垂直距离。前伸量指的是从车座鼻端到车把的水平距离。落差和前伸量是我们前面提到的 BIKE FIT 过程的一个延伸。显而易见的是，落差和前伸量主要取决于车架高度（从五通至头管顶端的垂直距离）、车架的前伸长度（从五通到头管中心的水平距离）以及把立的高度与长度。而车把的选择在 BIKE FIT 窗口内对落差和前伸量有着微妙的影响。

手臂较长的车手喜欢落差大且前伸长度较长的深车把，因为这有助于车手在握住下把时实现较低的空气动力学姿势。前伸能力较差的车手通常喜欢更短、更浅的车把，因为这样就不必过度前伸或者姿势太低。

不同的下把

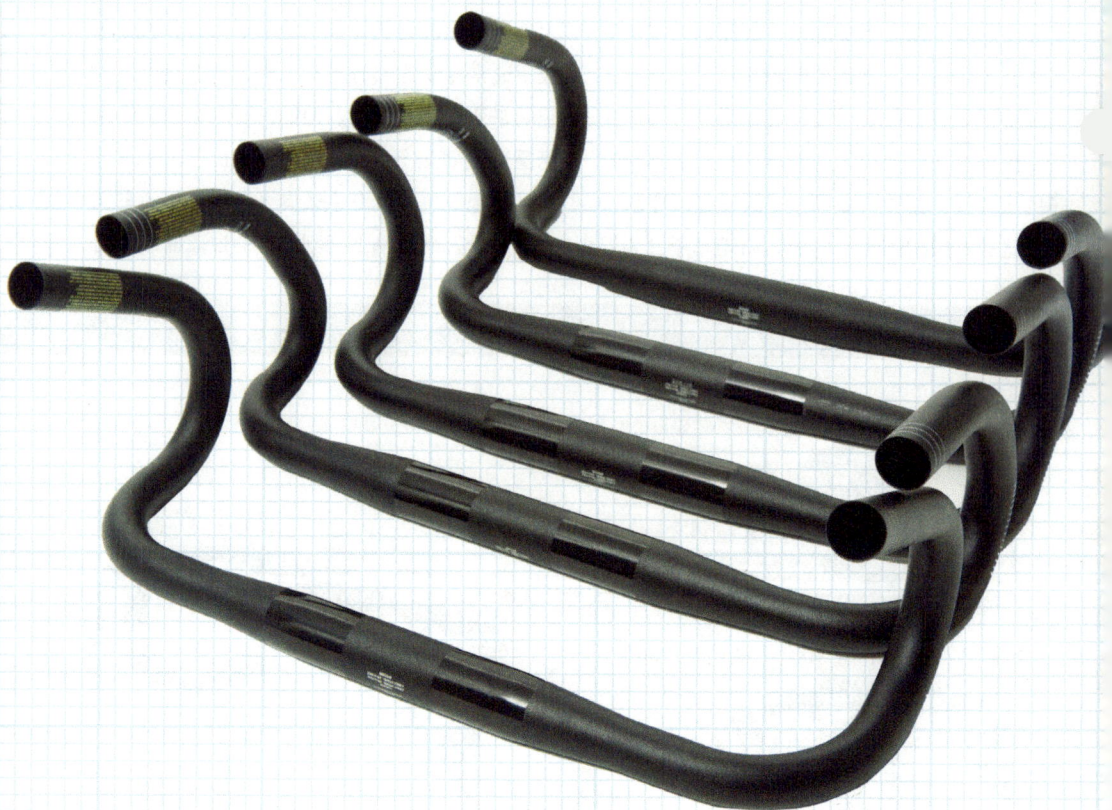

车把形状
车把的区别不仅在于尺寸的不同，注意图中的下把各不相同的角度和深度。

下把的实际形状多年来也在不断变化，现在有些车把将扁平部分融合进曲线中，这样的车把被称为解剖学车把。有些车手喜欢用这种车把。在这个层面的车把差异都是个人的选择问题，而且很可能考虑的都是舒适性。

刹把

在我做过的许多 BIKE FIT 中，我做的唯一事情就是改变刹把的位置，但是解决了车手遇到的所有问题。刹把的位置非常关键，我们不应该忽视这一点。大多数人在骑行时，都会把手放在手变头上。Dura Ace 或其他高端刹把需要大量的设计投入，因此刹把也就成了车上最昂贵的接触点，但是我们通常很少甚至根本没有关注过它的位置。

正确的刹把位置应该让车手在握住手变头或握住下把时能够自如地刹车。厂商在设计时都是以此为前提的，所以应该按照预期的目的进行设定。许多人采用的一个简单方法就是让

刹把末端与下把末端高度保持一致。

如果你发现刹把的位置更加靠近上把，而且只有这样设定才能感觉舒适，这可能说明你的前伸量和落差太大了。这样的刹把位置是 BIKE FIT 权衡的结果，是为了兼顾其他较为次要的 BIKE FIT 参数。缩短把立或升高把立高度也许可以让刹把的位置更正确。

山地车是个例外。刹把、手腕和手臂要处于一条直线上，通常是 30 ~ 40 度，这样在坐姿骑行和站姿骑行时都可以自如地刹车。

车把位置

人们用车把相对于车座的高度和长度来说明车把的位置，而车把的位置决定了车手的前伸量。前伸量有时候被称为"姿势的长度"。这是 BIKE FIT 中最为个性化的部分，因为在设定好车座高度和后移量后，有非常多的因素会影响前伸量的设定。除了一些非常基本的指标外，前伸量很大程度上取决于个人的腘绳

刹把设定　　　　　　　　　　　　　　**山地车车把设定**

注意刹把的位置设定应该能够让车手轻松地够着刹把。

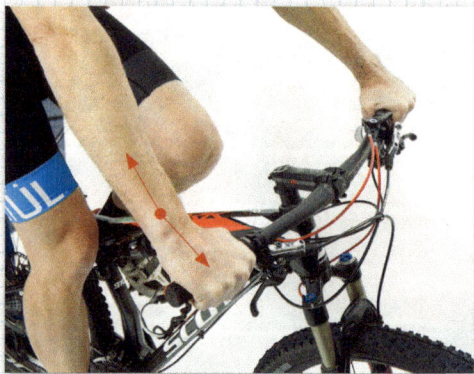

前臂、手腕和刹把处于同一条线上，这样坐姿骑行和站姿骑行时都可以自如地刹车。

肌、腰部、胸椎、肩膀、颈部和手臂的力量及灵活性——几乎包含整个身体的运动链。

车把的位置不仅决定了前伸量，而且也决定了躯干或背部的角度。测量车把位置得出的数据能很好地反映一个人的整体姿势和前伸量。

普通骑行爱好者的躯干角度最好是45~55度，这样能形成一个放松的骑行姿势：车座与车把之间的高度落差通常很小或根本没有，前伸量也让人感到很舒适。更快速的公路车手的躯干角度范围为30~45度。我把这样的角度称为"更激进的角度"：为了骑得更快、产生更大功率或去参加比赛时会采用这样的角度。计时赛车手的角度最激进，他们的目标是"水平背部"——背部角度尽可能小以获得更多空气动力学效益。由于使用了TT把，所以能够形成前端非常低的姿势，但是这种姿势要求车手具备极高的灵活性和适应性。

我提到的所有影响前伸量的因素，反过来

也会受到我们年龄的影响。随着柔韧性和适应能力变差，我们维持激进骑行姿势的能力也在减弱。

如何设定车把高度和长度（前伸量）

目前，有一些CONI风格的解剖学近似测量法，其中最著名的方法就是将肘部顶在车座前端，接着向前伸直手臂和手掌，然后调整车把位置，直到车把和中指指尖之间的距离达到2.5~5厘米为止。另一种方法是测量你的拳头宽度，使把立的长度与拳头的宽度保持一致，从而得出正确的前伸量值。与所有类似的解剖学近似测量法一样，其缺点在于忽视了个体特征的差异。这些方法对某些人适用，而对另一些人却不适用——很难弄清楚这些方法到底适用于哪些人。

许多专家建议车座与车把之间的垂直落差应该为2.5~8厘米。但是没有人能提供一个在此范围内确定具体数值的方法。根据我的经验，有许多因素会影响一个人的前伸能力，因

不同车把位置下的躯干姿势

正确　A　太长　B　太短　C

注意图B中的车把位置对于车手而言太长了，所以车手只能尽力伸展手臂和背部，并且还要伸长脖子。而图C中车把的位置又太短，车手不得不蜷曲身体，导致躯干（后背角度）太高，身体重量过多地落在了车后端上。

此不可能存在一个简单的经验法则。

由于前面的方法很难量化，所以曾经有些人甚至建议采用"平衡法"。这种方法认为车手的体重分布应该是 40%~45% 在前端，55%~60% 在后端。但是，到现在也没有人能提出测量重量分布的具体方法，虽然平衡很重要，但是这种方法只能凭借主观臆断，因此我认为不能用这种方法来设定前伸量。有太多的因素会影响平衡，而不仅仅是前伸量。

我提倡利用"常识"和"感觉"来设定车把的前伸量和高度。我见过的最常见错误是人们没有考虑自身维持姿势的能力就设定了一个非常激进的姿势。他们不得不忍受这种设定带来的痛苦，直到他们最终受伤或寻求专业帮助为止。

为了找到车把的理想位置，首先应该从以下基本要点开始：当手握住手变头或上把时，手臂应该感受放松，而且在骑行中，肘部应该

能够稍微弯曲并保持舒适状态。如果车把与车座之间的落差太大，手臂会变得僵直。此时很难放松手臂或弯曲肘部，因为手臂正承受着过多的体重，手掌通常很快会变得麻木或感到刺痛。骑行过程中，应该能够轻松地抬头看路，在颈部或者肩胛骨之间的区域不应该感到紧张或疼痛。

首先按照上述要求设定车把，即使此时的车前端较高也不要紧：如果按照上述要求去做确实可能出现这种情况，因为目前你的身体能力还比较弱。我们可以通过训练将柔韧性提高到一定水平，骑行的特性也有助于我们适应这一特定的身体姿态。我们可以渐渐地调低车把高度或增大把立长度，按照这种循序渐进的发展方式来实现激进的骑行姿势。记住：自行车是可设定的，人也具备适应能力。但是自行车的设定可以快速完成，而身体的适应却需要长得多的时间！

前伸量位置范例

抬头看路时，颈部和头部能保持放松

背部角度既不松弛也不激进

肘部放松

良好的前伸量位置确实能够使车手的姿势平衡。他们看起来很舒服，而且手臂、背部和颈部都不会紧张。

车把设定

如果在设定车把过程中，你注意到车子的操控性方面有所变化，那就应该进行细微的改变。如果车架尺寸正确，把立长度正常应该在 10~12 厘米。在此范围外的把立长度将影响公路车的操控性，因为此时你的体重分布要么过于靠前，要么位于前轮花鼓之后。我认为职业车手可以接受 10~14 厘米长的把立，但是如果只有使用短于 10 厘米或长于 14 厘米的把立才能达到舒适的前伸量，则很可能表明车架尺寸并不适合你。

脚踏

自行车脚踏具有悠久而丰富的历史。现在我们有各种各样不同的脚踏，包括水平脚踏和自锁脚踏。如果使用水平脚踏，你的脚可以随意移动，或者可以加一个脚套来固定双脚。如果使用自锁脚踏系统，则可以利用锁片将锁鞋固定在脚踏上。自锁脚踏的优点在于能让更多的力量直接施加在脚踏上，同时不用浪费过多的精力用于控制脚在脚踏上的位置。锁片的锁紧程度是可控的，既有稍微用力即可解开的山地锁踏，又有场地争先赛车手使用的极其牢固的锁片，避免在站姿踩踏出发时发生脱踏的情况。

从水平脚踏过渡到自锁脚踏的过程中，大多数人都会遇到一些问题，需要时间去慢慢适应。我建议先在安全的地方练习足够长的时间，然后再去繁忙的公路或山道上骑行，因为在这些道路上解锁能力至关重要。

一个重要的问题是：哪种自锁脚踏适合我？同其他问题一样，它并没有一个简单的答案。在英国自行车协会内，车手们可以自由选择脚踏，选择车座的时候也是如此。在我们的车队中可以看到各种大品牌脚踏，主要是个人自行选择的结果，但我们也会提供一些基本的指导准则。

自行车可调节，车手也有适应能力

注意图中激进的公路车骑行姿势，以及更加激进的计时赛骑行姿势。对于大多数人而言，需要较长的时间才能适应这些姿势。

选择脚踏时，要考虑脚踏系统具备的调节功能。浮动量部分彰显了脚踏 / 脚接口设定的重要性。如果你曾经有过膝盖疼痛，那么要确保所选择的脚踏系统具备足够的调节功能来适应你的生物力学特征。有些人会很乐意使用没有浮动量的固定式自锁脚踏，几乎不用花时间去调整，也一直没出现问题（这就是"宏观吸收者"！）。但是绝大多数人都应该花些时间来研究自己可接受的锁紧程度，因为骑自行车是一种不断重复同一动作的运动。我发现使用 Speedplay 脚踏可以帮助那些脚踏 / 脚接口设定有困难的车手。这是因为 Speedplay 脚踏具备高度的调节性——例如，使用更长的轴心让双脚分得更开。对于一些公路车车手来说，使用山地车锁踏不失为一个良好的过渡。有些人由于自己的生物力学特性和伤病史，只能永远使用山地车锁踏。

你很容易就会发现一些脚踏所允许的浮动类型是不同的。浮动量指的是锁片 / 锁鞋在脚踏上所允许的轻微旋转移动量。Look 和 Shimano 脚踏是脚趾浮动，即以脚的前端为中心进行旋转；而 Speedplay 脚踏则是以跖骨球为中心进行旋转。一些脚踏系统具备可以在踩踏循环中的某一点上将锁片拉回中心点的弹簧张力，而其他脚踏系统则没有这种弹簧张力。如果车手无法控制这种弹簧张力，则可能会引起一些问题，特别是膝盖疼痛和髂胫束紧张问题。

两三年前，天空车队和英国国家队的车手中突然出现了很多人膝盖疼痛的情况。那些之前从未受到膝盖疼痛困扰的车手一直在抱怨膝盖疼。大概一个星期之后，这件事情就平息了。那些出问题的车手的一个共同点就是使用了一个新脚踏。我们问这些车手到底有什么变化，最后发现实际上只有一个变化：增加了弹簧阻力。只是这样的一个小小变化却带来了很大的影响——这表明我们对改变有多么敏感啊！

不同把立长度及其对车辆操控性的影响

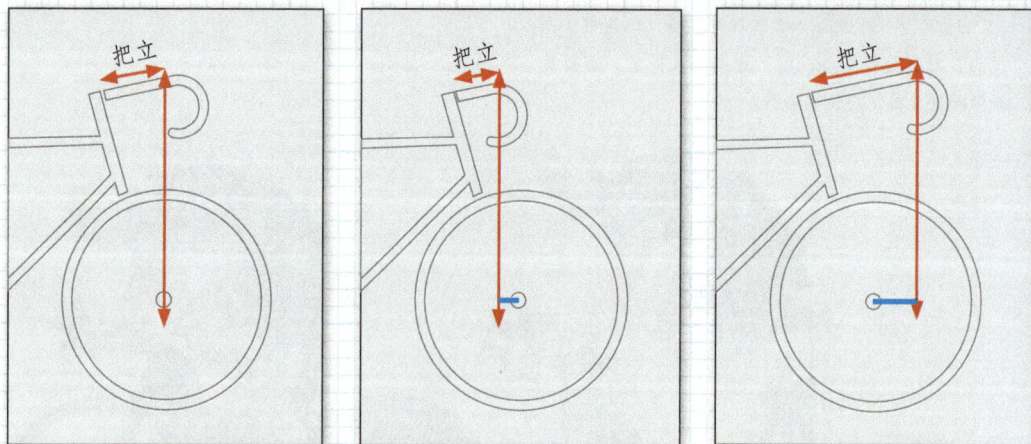

把立特别长或特别短时，自行车的操控性会受到影响。有些人认为这是因为双手握把的位置位于前轮花鼓之前或前轮花鼓之后。把立太短会导致控车过于敏感，而把立太长又会导致操控迟缓。

脚／脚踏接口

最后一个难题就是设定脚／脚踏接口。换句话说，就是在锁鞋上正确设定锁片的位置。

如果你使用的是水平脚踏，那就完全无须担心这个问题。你的双脚自然会在水平脚踏上找到舒服的位置。然而，如果你使用的是现代自锁脚踏，那就得特别注意了。骑自行车是一项不断重复的运动，普通车手每分钟会踩踏80圈，也就是每小时4800圈。锁片位置决定了脚与脚踏的相对位置，进而也决定了膝盖乃至整个下肢相对于脚踏的位置。这些相对位置很重要。你可以利用锁鞋将尽可能多的力量施加在脚踏上，同时无须花费精力去稳定脚／脚踏接口。但是如果锁片位置不当，可能会引起许多潜在的过度劳累损伤。

锁片的前后位置

设定锁片位置的一个通用经验法则：在3点钟的位置上，让跖骨球与脚踏轴心的中心线保持一致。跖骨球（跖骨关节的第一个凸出点）是大脚趾正后方的一个大骨凸点，也是人们通常患拇囊炎的位置。传统而言，跖骨球应该位于脚踏轴心正上方，因为这能在脚踏旋转轴心上提供最大的接触面积，从而充分发挥脚的生物力学优势，以产生最佳的功率输出。

安迪·普瑞特认为这种方法只适用于脚尺寸为26厘米（42码）的男士，比这更大的脚则需要更多的稳定性，因此需要锁片稍微位于脚踏轴心后方，而比这更小的脚则相反。有些人甚至提倡利用第二或第三跖骨。桑德森等人建议以第五跖骨头作为设定锁片前后位置的解剖学标志点。但是不管这些论述多么有道理，普通的非职业车手很难靠自己准确地找到这些解剖学标志点。

托德·卡福提倡的锁片前后位置设定方法是以上所有方法的综合。我很认同他的方法，而且根据我的经验，这种方法很有效。首先要

锁片位置

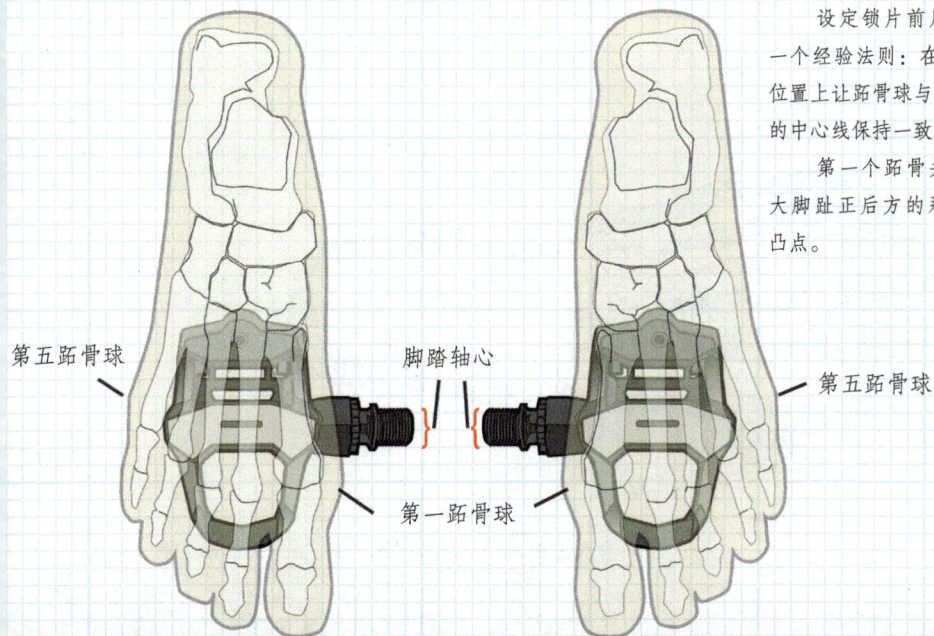

设定锁片前后位置的一个经验法则：在3点钟的位置上让跖骨球与脚踏轴心的中心线保持一致。

第一个跖骨关节就是大脚趾正后方的那个大骨凸点。

第五跖骨球　脚踏轴心　第五跖骨球　第一跖骨球

找到第一跖骨的顶端（跖骨球），然后再找到第五跖骨的顶端（如果你用手指顺着脚外侧抚摸，你碰到的第一个大骨凸点就是第五跖骨），接着再让脚踏轴心位于第一跖骨和第五跖骨的中间。我发现这个方法有助于解释普瑞特强调的尺码问题，而且通常能让人位于 BIKE FIT 窗口之内。

可以根据许多情况来改变这个锁片的前后位置。

正确设定锁片前后位置的原因有很多。锁片位置较为靠前（此时脚的位置会较为靠后）会导致脚后跟绕着更长的力臂旋转，因此脚后跟会出现更多的上下运动，进而引发跟腱问题。这也会影响整体的自行车设定，因为它改变了脚与膝盖的相对位置。

较为靠后的锁片位置（此时脚的位置较为靠前）有利于将踩踏的压力施加到更大的脚掌区域上，尤其是分布到脚掌中间区域——这有助于缓解前脚掌疼痛问题（通常被称为"热脚"）。

对于走路外八字脚（即脚趾朝外、脚后跟朝内）的车手，将锁片往后移有助于减少曲柄与脚后跟之间的接触。

尽管说了这么多，人们对于锁片位置的潜在益处还是众说纷纭。许多研究都试图探索锁片前后位置对能量消耗的影响，但是没有确定性的结论。你会发现许多网络论坛或博客提倡锁片位置要位于足弓或脚掌中间，认为这样能够实现从下肢到脚踏的最高效力量输送。其中的根据是通过缩短脚/脚踝与脚踏/锁片之间的杠杆臂，能够形成一个更有利于力量输送的姿势。到目前为止，针对这一领域的研究还很有限。

旋转

早在 20 世纪 70 年代，CONI 手册就提倡每个人都采用严重内八字脚（即脚后跟朝外、脚趾朝内）的骑行姿势，让膝盖很靠近上管。如果盲目地采用这种姿势，将会终结许多车手的职

脚踏轴心相对于第一跖骨和第五跖骨的位置设定

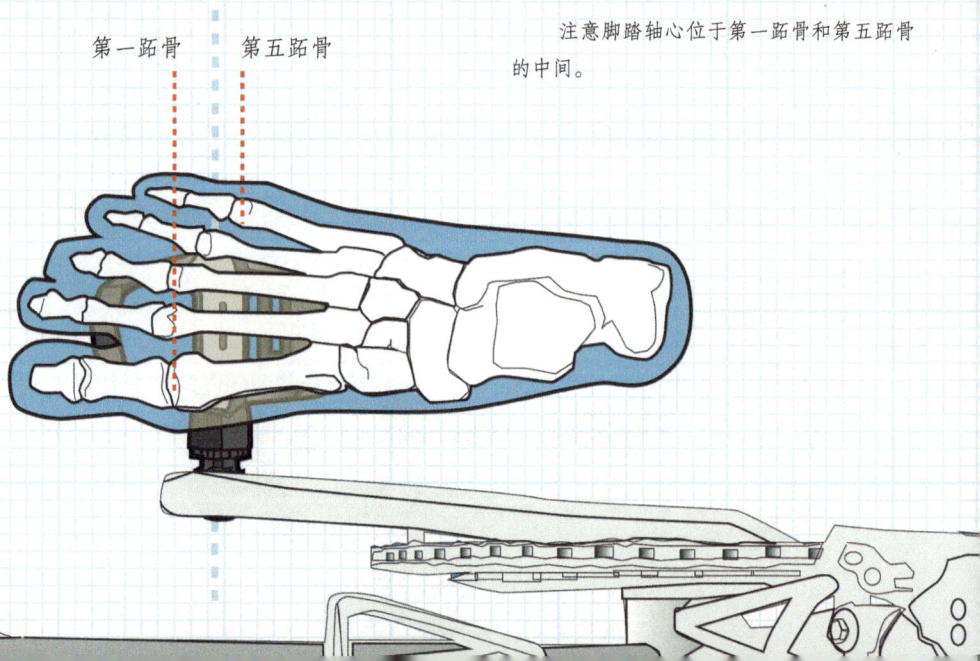

第一跖骨　　第五跖骨

注意脚踏轴心位于第一跖骨和第五跖骨的中间。

业生涯，或者至少剥夺了许多人骑行的乐趣。

旋转（即锁片设定的角度）很重要，因为它反映了我们每个人独有的身体特征。你可以观察一下大约20个人的走路方式，注意他们走路时脚掌是否径直朝前，是否是外八字脚（即脚趾朝外、脚后跟朝内），抑或者是内八字脚（即脚趾朝内、脚后跟朝外）。

如果我们按照意大利奥委会的指导，那只有内八字脚的车手才会感到舒适，其他人很快就会遭遇过劳损伤，比如髂胫束紧张或髌骨疼痛。我们应该按照各自的下肢生物力学特征来正确设定锁片位置。如果我们不这么做，脚后跟就无法在需要的时候向内旋转，那么通常可以被旋转动作消除的压力现在只能向动力链条上游转移，导致动力链条上最脆弱的点（通常是膝盖）最终出了问题。

固定式锁片/脚踏系统（没有浮动量）的正确设定非常关键。浮动式脚踏系统设定的重要性要相对低一些，但是仍然要正确设定旋转/浮动的中心点以获得最大的益处。

总结

如果一名车手走路的时候脚掌径直朝前，那就要垂直朝前地设定脚踏/锁片的角度。这样车手在车上骑行时也能跟走路时一样保持脚掌朝前。

如果一名车手走路有外八字脚（即脚趾朝外、脚后跟朝内）的趋向，那么也应该按照外八字脚来设定脚踏/锁片角度，从而使其在踩踏时脚后跟能自然地朝向内侧。这些车手经常发现，为了有效地提高站立阔度、防止脚后跟碰到曲柄，他们不得不往车架五通的方向移动锁片位置。有些车手的脚后跟严重朝向内侧，所以通常需要使用更长的脚踏轴心才能获得足够的站立阔度，避免脚后跟碰到曲柄。

内八字脚的车手应该按照自己的生物力学特征来设定脚踏/锁片系统，让脚后跟稍微朝向外侧。根据我的经验来看，内八字脚的人群数量很小。采用这种设定方式时应该特别注

脚掌朝前的走路风格　　　　　　　　**外八字脚的走路风格**

注意脚掌径直朝前的走路风格在单车上的反映。

如果有浮动量，那些走路时脚后跟严重朝内的人在踩踏时，脚后跟也会朝向内侧。

意，因为对于那些非内八字脚的人来说，这会引起髂胫束紧张和刺痛。

脚 / 脚踏浮动

正如上文所述，浮动指的是锁片所允许的少量旋转移动量，以免双脚过于固定在脚踏上。以前人们在水平脚踏上使用旧式脚套的时候，浮动量无处不在。因为在这种踩踏系统上，人们可以将脚移动到任何位置上。

自锁脚踏系统在 20 世纪 70 年代刚刚出现时根本没有浮动量。自行车自锁脚踏系统的想法来源于滑雪靴固定系统。在成为大型自行车脚踏厂商很久之前，Look 公司就发明了这种系统。因为滑雪时不需要有浮动量，所以最初的自行车锁踏系统也没有提供浮动量。但是，车手们很快就出现了过度劳损问题，因为他们被锁定在了单一的姿势上，而且锁片的设定都是径直朝前的，所以许多车手出现了髂胫束紧张和髌骨疼痛问题。

改变你的设备

如果你已经在一个特定的自行车和脚踏系统上骑了很久，那你在采用新的或不同的设备时要非常小心。许多人在出现了损伤或疼痛问题后，还不知道问题的根源正是由于设备的更换。比如在更换锁片时，你应该在取下每个锁片前都拍张原有位置的照片，这样你就能正确地设定新锁片。我通常建议精英级别的车手要保留自己原有的锁鞋和锁片，只有在使用新装备足够长的时间后才可以扔掉。这样做是有好处的。因为如果出现了问题，我们可以通过对比新旧装备来确定问题的原因。车手们也可以先使用旧装备继续骑行，等到问题得到解决后再换上新装备。

这些问题的根源在于膝盖并不只是一个屈戍关节，它不仅会弯曲和伸展，还会扭曲。当我们向下踩踏时，胫骨会在大腿骨顶端上旋转。脚 / 脚踝综合体会同时向前旋转和向内旋转。自锁脚踏的固定性明显减少了这种旋转活

内八字脚的走路风格	脚后跟碰触曲柄

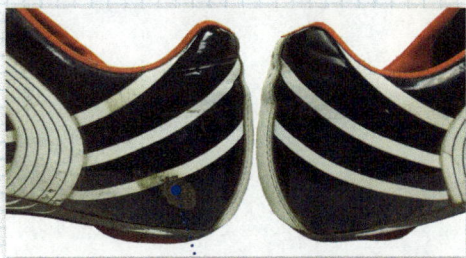

如果一个车手走路时脚趾朝内而脚后跟朝外，那么脚踏 / 锁片就应该按照这种生物力学特征进行设定。

脚后跟摩擦：外八字脚的车手需要纠正站立阔度。

有趣的是，场地争先赛车手普遍都使用无浮动的自锁脚踏系统，但是他们却没有出现过度劳损问题，这是因为他们用力踩踏的时间通常很短。对他们来说，最重要的是要在出发（比如在团体竞速赛时）或在冲刺的急速加速时双脚不会脱离脚踏，而使用固定式自锁系统有助于防止脱踏。

动量，所以使用没有浮动量的固定式自锁系统的车手更容易遭受过劳损伤问题。

莫里·赫尔已经针对脚/脚踏接口对膝盖负担的影响进行了大量科学可靠的研究。他的研究结论包括：允许1度的自由浮动量就能显著减少膝关节负担。他在2007年SICI会议上让BIKE FIT专家们大感震惊，因为他的研究结果表明是外翻而不是内翻的前脚掌能够减少膝关节的负荷。

自行车业内仍流传着许多有关浮动量的错误说法。许多人认为，如果有浮动量，那么就

需要消耗大量的能量才能将脚稳定在脚踏上（头几次使用Speedplay脚踏时，就感觉像是在一个冰块上踩踏），因此不够经济高效，也降低了功率输出。同样，另外一些人认为浮动量能够分担或分散膝盖和周围软组织所承受的重复性负荷。这两种看法在我看来都不靠谱。浮动量能让车手以最有利于肌肉和关节创造力量的生物力学模式进行踩踏。与之相比，用于稳定脚的位置所消耗的能量（如果确实需要耗费能量的话）就显得微不足道了。

虽然浮动量分担负荷的理论听起来似乎很有说服力，但它可能并不是要有浮动量的原因。这是因为当车手开始使用浮动式自锁脚踏系统时，通常最开始都是将浮动程度设定到最大，然后随着时间推移渐渐调整并去除多余的浮动量。首先，浮动量让他们可以在脚踏上找到最舒服的位置。在去除掉多余浮动量之后，车手们能够利用剩下的那几度浮动量按照自己的生物力学特征模式进行踩踏。

浮动类型

脚趾浮动、中心浮动和弹簧中心脚踏

市面上大多数脚踏系统都是使用固定在锁鞋前部的锁片系统。换句话说，浮动是以锁片前端为中心进行的旋转。Speedplay脚踏提供中心旋转锁片系统（见插图）。

还有许多脚踏系统利用弹簧让锁片和锁鞋回到中间位置——例如Shimano的Dura Ace。其他脚踏系统则利用摩擦力，当锁片远离中心线时摩擦力就会增大。正如我在前文所提到的那样，当一家大公司增大高端脚踏的弹簧阻力却没有告知消费者时，膝盖损伤或疼痛现象就会激增。因为如果车手无法适应增强后的弹簧阻力，那么这个脚踏系统实际上会把车手锁定在一个固定的位置上。

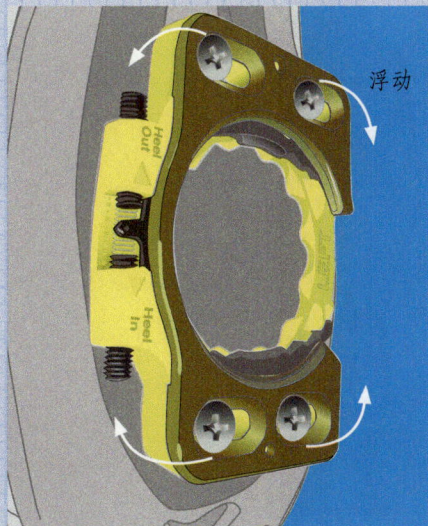

锁片左右位置

锁片在锁鞋上的左右位置会影响自行车的有效站立阔度。站立阔度指的是在自行车上两脚之间的距离。如果将锁片安装在锁鞋的外侧，那么你的脚就会更加靠近曲柄；如果锁片安装在锁鞋的内侧，双脚则会更加远离曲柄。因此，髋部狭窄的车手很可能会把锁片安装在锁鞋的外侧，这样能缩小站立阔度，有助于将髋部、膝盖和脚对齐在一个平面上。而髋部较宽的车手将采取相反的锁片设定。

在站立阔度方面，不同脚踏具有不同的可调整性。Speedplay 脚踏可以向左右两侧各调整 4 毫米，总共是 8 毫米的可调整性。为了满足人们优化站立阔度的需求，有些脚踏系统提供不同长度的轴心。Speedplay 能提供 4 种不同尺寸的脚踏轴心，其他厂商则可以为职业车手定制不同长度的脚踏轴心。

> #### Q因素和Q角度
>
> Q 因素和 Q 角度这两个术语总是令人晕头转向，因为它们常常可以互换。自行车运动中的 Q 角度指的是股四头肌与髌骨肌腱相会时形成的角度。通常而言，女性的 Q 角度会比男性大，因为女性的骨盆更宽。Q 因素指的是两个脚踏曲柄间的距离，是站立阔度的一种衡量方式，因此也影响着 Q 角度。为了避免混淆不清，我决定使用站立阔度这个术语来代替 Q 因素。我发现利用站立阔度来修正 Q 角度能够解决许多车手的膝盖疼痛问题。

站立阔度

在我看来，在自行车上所有可设定的参数中，站立阔度是最容易被忽略的。在不久之前，站立阔度仍然主要依据自行车上的五通宽度而设定，因为脚踏轴心的长度几乎都是相同的。这种一刀切的方法一直让我很苦恼。人们的骨盆和臀部宽度明显是各不相同的，而想要形成一个车手所能应对的 Q 角度明显要依赖于站立阔度。

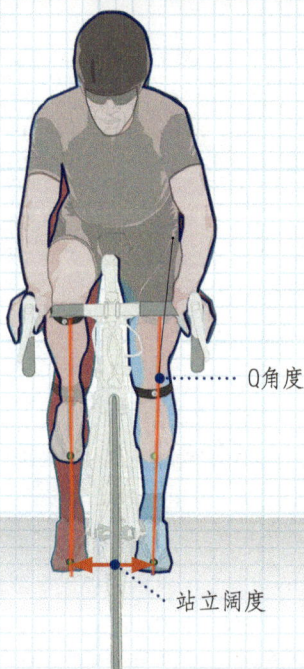

站立阔度　　　　　　　　　　　　　　**不同的脚踏轴心长度**

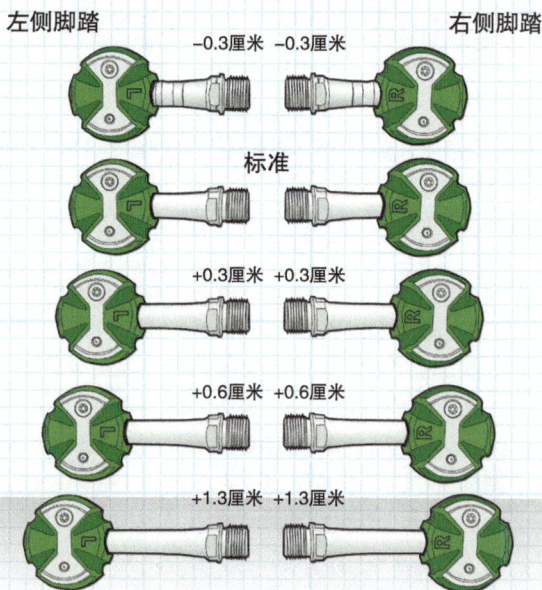

Q角度

站立阔度

左侧脚踏　　　　　右侧脚踏

−0.3厘米　−0.3厘米

标准

+0.3厘米　+0.3厘米

+0.6厘米　+0.6厘米

+1.3厘米　+1.3厘米

我适合用多大的车架

尽管看完了我刚刚介绍的所有关于 BIKE FIT 和 BIKE SIZE 的知识，有一些人仍然会问我这个问题。在前文我们已经讨论过各种快速设定方法的缺点，比如公式法之类的。我能理解你们不想在动态 BIKE FIT 上花费 2000~3000 元，尽管动态 BIKE FIT 能告诉你最佳的答案。不用花太多钱，却又能找到合适车架尺寸的最好方法，就是不要只依赖于某一种方法。如果你自身的条件并不处于正态分布的中间区域，那么你最终会遇到各种麻烦。所以要综合考虑影响合适车架尺寸的各方面因素，这样才能更有机会得到适合自己的车架尺寸。

为了获得合适的车架尺寸，我建议你先完成以下事项。

1. 咨询制造商。如果你知道自己想要的那辆自行车的制造商，那就上网去查询。许多制造商的官方网站都会有选择正确的车架尺寸的相关

指导。其中最简单的方法就是查询身高与上管长度的对应关系。比如我身高 1.93 米，对于这样的身高，大多数人会推荐上管长度为 60 厘米的车架。但是其他方法会更加深入。

2. 使用雷蒙德公式法。首先测量胯高，然后将其乘以 0.883，那么就得出了车座高度。如果你将这个数据告诉车店人员，他们就能为你选择一个合适的车架尺寸。

3. 使用网络测算应用软件。这种应用软件现在有很多，其中一些与大型车架制造商有关，通常要衡量身体的某些部分。

4. 如果你已经有了一辆自行车，那就测量一下车子的车座高度、前伸量和落差。这些数据能够帮助你在车店或网络上找到大小合适的车架。

记住：这只是 SIZE，而不是 FIT。SIZE 只是计算出你应该使用多大尺寸的单车，而 FIT 是让单车与你的身体和能力完美匹配。

Retül 建议的标准范围

测量项目	备注	公路车	山地车	计时赛车	铁三车
膝盖弯曲角度（度）	—	108 ~ 112	110 ~ 115	110 ~ 115	110 ~ 115
膝盖伸展角度（度）	—	35 ~ 40	35 ~ 40	37 ~ 42	37 ~ 42
背部角度（度）	如果是公路车，测量时手是握在手变头上	45	50	20	25
肩部角度（到肘部）（度）	—	—	—	75 ~ 80	70 ~ 75
肩部角度（到腕关节）（度）	—	90	75 ~ 80	—	—
肘部角度（度）	—	150 ~ 170	150 ~ 170	90 ~ 100	90 ~ 100
前臂角度（度）	—	—	—	各不相同	各不相同
上下死点踝关节角度差范围（毫米）	—	15 ~ 30	15 ~ 30	15 ~ 30	15 ~ 30
最大踝关节角度（跖屈）（度）	接近踩踏循环的顶部	95 ~ 105	95 ~ 105	95 ~ 105	95 ~ 105
最小踝关节角度（背屈）（度）	接近踩踏循环的底部	70 ~ 80	70 ~ 80	70 ~ 80	70 ~ 80
髋关节闭合角度（度）	注意两边的区别	55 ~ 65	60 ~ 80	35 ~ 45	45 ~ 55
髋关节开放角度（度）	注意曲柄长度	—	—	—	—
膝相对于脚的前伸量（毫米）		〔−10〕~〔10〕	〔−20〕~〔−10〕	〔+50〕~〔+100〕	〔+50〕~〔+100〕
髋关节振动幅度（毫米）		40 ~ 60	40 ~ 60	40 ~ 60	40 ~ 60

04

BIKE FIT
三大支柱

BIKE FIT三大支柱

要想拥有正确的 BIKE FIT，你首先需要明确自己的目标，不是随便说一句"帮我设定一个正确的骑行姿势"就足够的。正如我常说的那样，真正的问题在于：你的目的是什么？

正确的骑行姿势并不是唯一的，比如适合 5 分钟购物骑行的姿势和适合环法中途站比赛 8 小时骑行所需的姿势就是不一样的。如果只是要在周末带着小孩一起休闲骑行，没有人会愿意采用激进的计时赛骑行姿势。

我喜欢用下面这种方法帮助人们理解正确骑行姿势的平衡艺术。我的这个想法最初来源于克里斯·博德曼，当时我们正在艰苦备战 2012 年伦敦奥运会。从那以后，我又继续完善了这一理念。

我们假设存在三大支柱：一是空气动力学，二是舒适性，三是功率输出。柱状图越高代表这个因素就越重要，但随着一个柱状图的升高，其他一个或两个柱状图必须要相应地下降。

团队追逐赛

下方第一个图描绘的是奥运会团队追逐赛的姿势。这种姿势非常极端，因为只包含两个因素：空气动力学和功率输出。由于比赛的时间不到 4 分钟，所以舒适性就无关紧要了。

计时赛

大多数人无法长时间维持追逐赛姿势，但也有例外存在——维金斯在环法计时赛上的姿势就与追逐赛的姿势很像。他的个人能力是经过多年磨炼才培养出来的。现实中的大多数人还是要考虑舒适性问题。因为如果在 40 分钟

追逐赛的BIKE FIT支柱图

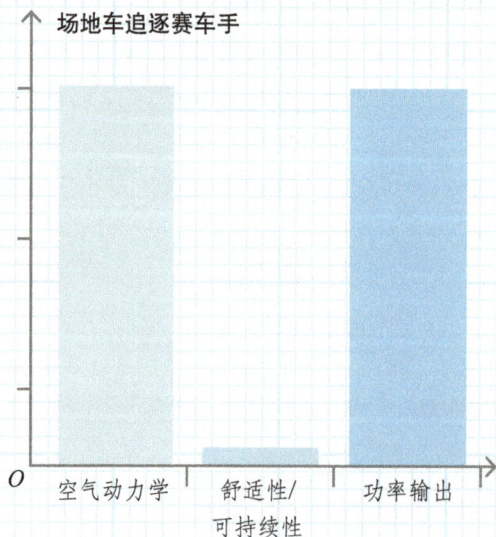

场地车追逐赛车手

0 空气动力学 舒适性/可持续性 功率输出

计时赛的BIKE FIT支柱图

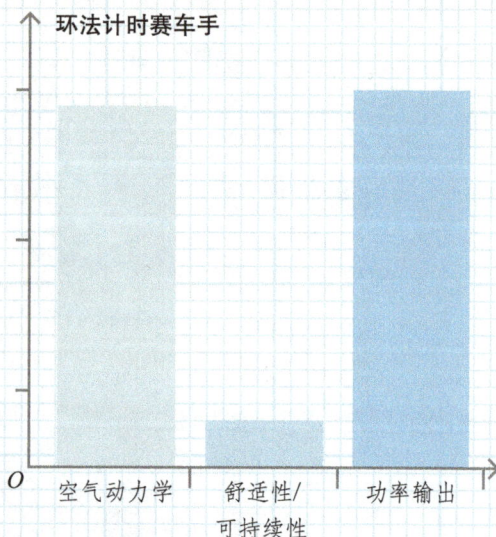

环法计时赛车手

0 空气动力学 舒适性/可持续性 功率输出

可持续性

在与天空车队的职业车手们讨论 BIKE FIT 的三大支柱时，罗德·艾林伍斯（天空车队经理）和我会用"可持续性"这个词来代替"舒适性"。在激烈的职业自行车比赛中，几乎没有舒适性的概念，罗德·艾林伍斯认为如果忍受一时的不舒服就能带来更多胜利，那就不用太去关注舒适性。

的计时赛中，只能保持 4 分钟非常符合空气动力学和功率输出的姿势，那么对最后的成绩也没什么帮助。如果姿势的可持续性不够，就会丧失所有效益，因为车手不得不一直变化姿势。当然，长时间保持这种极端姿势会引起身体损伤，所以对于时间较长的计时赛而言，少量的舒适性或可持续性在 BIKE FIT 中也很重要。

骑游赛

对于参加环法中途站比赛之类骑游活动的

车手而言，目标的设定就非常重要了（译者注：环法中途站比赛创始于 1993 年，是环法赛事官方为业余车手组织的一个大型骑游活动，通常在环法的某个休息日举行，不仅使用与环法比赛相同的路段，而且由警方全程封路）。除非你每周训练的时长是骑游赛事时长的两倍，否则舒适性应该是你的首要目标。完成环法中途站比赛的一个丘陵赛段是许多人的目标，但许多人采用的骑行姿势无法持续保持 8 小时，所以都没有实现这个目标。

通勤骑行和购物骑行

对于一名通勤者或者骑车去购物的人而言，车子的设定很可能只专注于舒适性。

目标设定

在设定目标和确定最佳 BIKE FIT 时，要务实客观。虽然有些人的适应能力会比另一些人更强，但所有自行车都有一定程度的可

骑游赛车手的BIKE FIT支柱图

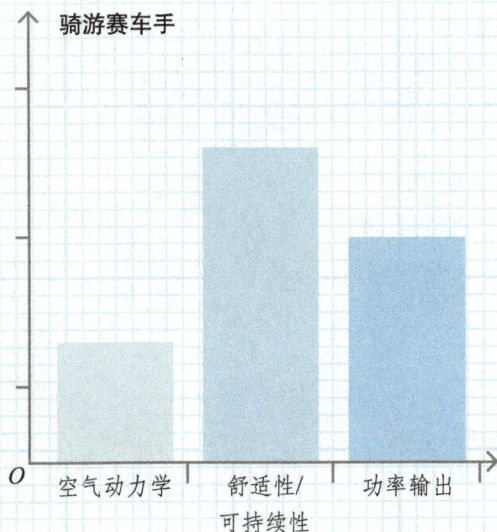

骑游赛车手

空气动力学　舒适性/可持续性　功率输出

通勤车手的BIKE FIT支柱图

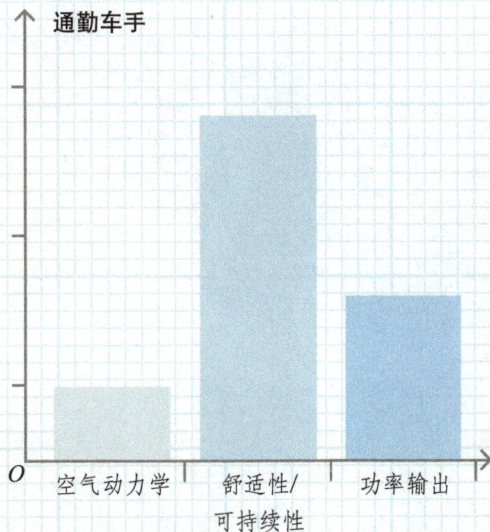

通勤车手

空气动力学　舒适性/可持续性　功率输出

调节性。最开始时，你可以自己动手设定自行车，设定时要考虑到自身的适应能力，例如腰部的柔韧性以及是否能够使用窄车座骑行好几个小时。在检查自己的骑行姿势之前，首先要问自己以下问题。

我的目标是什么

● 第一次完成骑游赛：相对于功率输出和空气动力学，要更注重舒适性。

● 在 40 千米（25 英里）的计时赛上创造最好成绩：相对于舒适性，要更注重功率输出和空气动力学。

● 完成环法中途站比赛：相对于功率输出和空气动力学，要更注重舒适性。

我有多少时间投入这个目标

● 很少：你没有时间提高身体适应能力，所以应该设定单车或重新确定目标。

● 很多：投资 BIKE FIT，同时开始锻炼身体的限制因素（例如腘绳肌柔韧性）。

演变而不是革命

没有人能够立即达到一个理想的姿势。尽管有些人需要花费比别人更多的时间和精力，但是所有理想姿势都是慢慢演进的。我已经花了 4 年时间收集单车运动员的伤害信息，作为英国运动委员会（UK Sport）伤病大型数据库的一部分。伤害的最常见原因就在于训练量和自行车设定的突然改变。如果采取重大改变后，没有足够长的适应期，那么身体就会因疼痛或伤害而崩溃。因此，我一直要求车手循序渐进地改良骑行姿势。如果有人按照某一姿势已经骑了很长时间，那么即使这个姿势从根本上就是错的，他们也需要时间去适应改良后的姿势。

在现代的许多运动项目中（不只是自行车），

某个车队经理为了让新签约车手的姿势更符合空气动力学，把车把高度降低了 3 厘米。这名车手在此前曾获得多个大环赛的赛段冠军。但是他在新车队完成第一次训练之后就疼痛不已，两边的腘绳肌都出现了痉挛现象。

为了改善运动表现，人们一直在探索人与运动器材之间是否还有改善的空间。对于大多数人来说，要客观地了解自己的适应能力，让骑行姿势与适应能力相匹配，这样才能骑得安全又舒适。

如果常年观察奥运会男子场地车耐力赛车手的车座高度，就会发现一个明显的现象：他们都在慢慢地升高车座以达到最佳车座高度。

当然并不是每个人都可以实现每一种姿势：你必须从实际出发。如果你每周花 38 个小时坐在电脑桌前，而且周末只有 2 个小时的骑行，那么身体能力就很有限。如果你有任何潜在的病史，身体能力就会更加有限。人们无法接受某种特定姿势的一个常见原因，就是腰部疼痛或僵硬。但不要绝望：最佳姿势是会随着时间逐渐演变的，并非一成不变。如果能制订一个合理的计划，大多数人都能利用恰当的骑行姿势来实现自己的目标，不过基本上不可

如果有人为了在计时赛中能有更好的功率输出来找我们设定车座高度，但是他的腘绳肌非常紧而且腰椎柔韧性不佳，即使是这样的情况我们也不会轻易放弃。但我们也不会忽视这个问题而给他安排较高的车座高度。我们会制订一个计划。首先稍微提高他的车座高度，让他按照这种高度骑行一段时间，这有助于拉伸腘绳肌。如果再加上一份个性化的拉伸和灵活性训练方案，那么大多数人都能达到一定的适应能力水平并实现自己的目标。

能是像马克·卡文迪什那样的姿势！

"微观调整者"和"宏观吸收者"

人们经常问我优化 BIKE FIT 到底有多重要。我最诚实的答案是："对有些人非常重要，对另一些人却没那么重要。"我相信应该没有哪个商业 BIKE FIT 技师会跟你这么说，但这就是我的观点。下文将阐述其中的原因。

在天空车队成立后的头 3 年里，我们完成了 500 次以上的 BIKE FIT 和数据捕捉。这些 BIKE FIT 的对象都是我们非常熟悉的车手，而且我们对他们进行了持续的跟进观察。这是一个非常独特的观察角度。除此之外，精英车手们普遍都会进行医疗检查，这又提供了另一个数据流。

检查完所有数据后，我注意到了一种趋势。

我使用"备用自行车指数"这个术语来描述这种趋势。备用自行车指数指的是，在感到疼痛或不得不停止骑行之前，一个车手可以在经设定后不适合自己的自行车上骑行多长时间。

适应能力的差异是把我们区别开来的最重要因素之一。所有运动员都需要进行适应训练，熟悉环境条件，掌握骑行策略等。但为什么不是所有人的适应能力都是相同的呢？我注意一个趋势：那些总是微调姿势或者对任何改变都很敏感的人，通常适应能力较低，而且根据医学检查结果可以看出他们受伤的风险也比较高。

适应

人与器材之间的相互作用。

有些人从来不用调整骑行姿势或者对变化不那么敏感，他们的适应能力较强而且受伤的风险较低。我把这些人称作"宏观吸收者"。他们能够轻松地适应较大的变化。

简而言之：对于"微观调整者"而言，自行车的设定非常重要；对于"宏观吸收者"来说，自行车设定就没那么重要了。

自行车运动的史册上记载着许多需要不断微调姿势的车手，其中最著名的莫过于艾迪·梅尔克斯。他总是上下调整车座高度，比赛时口袋里会装一个内六角扳手。换句话说，他就是一名"微观调整者"。许多职业车手这么做很可能是为了放松大腿肌肉。但其他人这么做更可能是为了实现一个实际上无法达到的最优姿势。这种不断调整姿势的行为有着心理支撑的作用：如果我能达到完美的骑行姿势，其他一切也会变得完美。

如果有人改变了生活中常用的某些东西，无论是改变了办公室的桌子还是自行车的设定，"微观调整者"都马上会察觉到变化。

"微观调整者"与"宏观吸收者"之间的区别

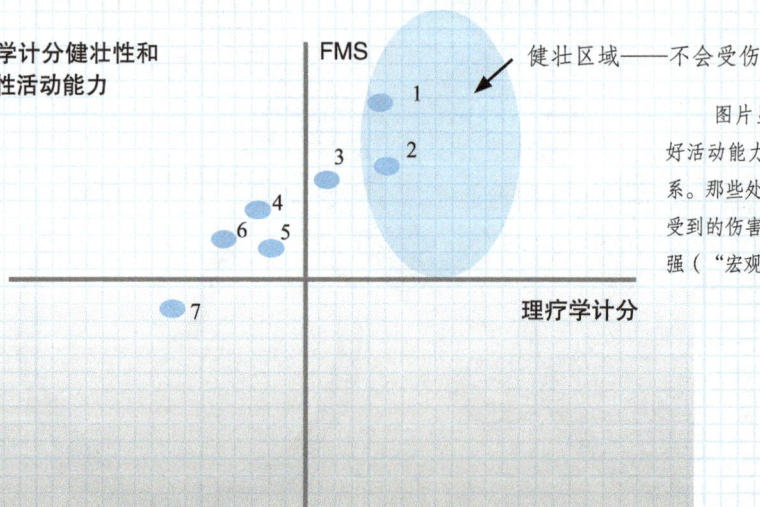

理疗学计分健壮性和机能性活动能力

FMS

健壮区域——不会受伤

理疗学计分

图片显示了健壮性与良好活动能力（FMS）之间的关系。那些处于阴影区域的车手受到的伤害更少，适应能力更强（"宏观吸收者"）。

杰伦特·托马斯是一名"宏观吸收者"

天空车队车手及世界场地车赛冠军本·斯威夫特就是一名这样的车手。即使新车座稍微没有像原车座那样平，本·斯威夫特一坐上去都会强调说车座高度错误。

本·斯威夫特的备用自行车指数是 6 分 32 秒。换句话说，如果车队主将摔车后借用了本·斯威夫特的单车，导致本·斯威夫特只能用别人的备用车，那么他只能继续骑行 6 分 32 秒，因为超出这一时间他就会感到疼痛或难以骑行。

杰伦特·托马斯具有极高的吸收训练压力的能力，他在环法比赛中用别人的备用车骑了半个赛段后，甚至都没有察觉有什么变化。他的备用自行车指数在 3 个小时以上。

我非常了解本·斯威夫特和杰伦特·托马斯。本·斯威夫特为了使自己达到最佳状态，需要花费特别多的时间来调整，但是杰伦特·托马斯在这些事情上花的时间非常少。我想下面的两个图形有助于解释其中的原因。本·斯威夫特的形状是三角形，两边很陡峭，顶点很狭窄。图形顶点表示他的绝对最大竞赛能力。设想有一个球停在顶点上：这就是本的单车竞赛表现。此时需要特别多的能量才能让小球在顶点保持平衡，因为一个轻微的动作都会使小球滚落下来，引起竞赛能力下降或伤病风险上升。

杰伦特的适应能力可以用梯形来表示，顶部又宽又平，所以在竞赛表现或伤害状态出现变化之前，小球可以滚动很长的距离。相对于本·斯威夫特而言，即使自行车不是处于最佳设定，杰伦特也会觉得没什么关系。

如果你在自己身上也发现了一些"微观调整者"的特征，那你就要注意自己的自行车设定是否正确合理。这也许能很好地解释你过去遇到的一些问题。但是没有必要让自己变得神经兮兮的，不要成为艾迪·梅尔克斯综合征的受害者！

适应能力形状图

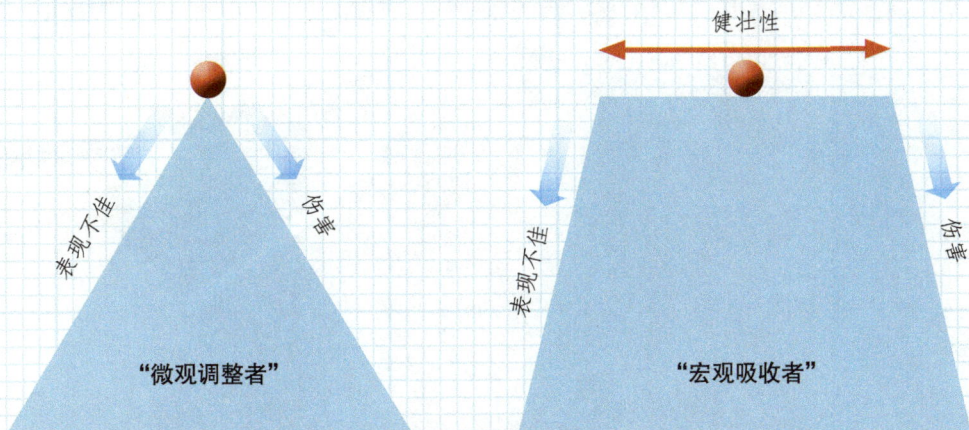

"微观调整者"与"宏观吸收者"

注意"微观调整者"的图形中狭窄的顶端。一个轻微的动作就能让小球滚下来。换句话说，在实际骑行中即使是轻微的改变也会造成伤害或是骑行表现不佳。对比"微观调整者"与"宏观吸收者"的图形时，要注意"宏观吸收者"的水平顶部以及他们的适应能力。

05

问题与对策

问题与对策

自行车运动中有关伤病的研究有一个明显的缺陷：无法进行伤病相关的因果研究，因为故意伤害他人是不道德的行为。

实际上，精英车手和休闲骑行爱好者的问题是不一样的，这让事情变得更复杂了。克莱尔森等人在 2010 年的一份研究中向职业车手发放了 116 份调查问卷，结果表明车手们主要的伤病部位是膝盖、腰和颈部（按由多到少的顺序排列）。自行车运动员的忍耐力都很强，所以很少有人因为这些伤病而无法继续比赛或训练，但是他们确实需要医疗护理。

骑行以外的日常锻炼

一般来说，我认为日常的锻炼要简单一些为好。人们通常都没有时间锻炼。即使因为伤病原因而被医生要求参加锻炼，大多数人也不会经常去做，或者做得不够好，因此无法阻止伤病的复发。他们通常没有时间进行"预防伤病"锻炼。研究表明人们很少真正去遵守防止出现伤病的锻炼规范。

所以我要告诉你职业车手们的做法。长时间保持单一姿势会引起姿势不平衡，我们可以通过针对相反方向的锻炼来解决问题。例如，被动拉伸髋部屈肌的方法固然不错，但是主动拉伸的效果会更好。保加利亚蹲能利用与髋部屈肌直接相对的臀大肌实现大幅拉伸，如此大幅度的拉伸在骑行中是无法达到的，这确实有助于恢复整个腰椎骨盆区域的平衡。

脚／踝关节

脚和踝关节负责将大腿产生的能量传送到

脚的不同形状

极限型骑行与普通型骑行：一个重要的区分

当我们谈论骑行的时候，大多数都是指普通型骑行。普通型骑行的特点在于功率输出和车速都能持续保持较长的时间。极限型骑行指的是毫无保留、竭尽全力的个人骑行。区分这两者的定义很重要，因为对于其中某一种骑行类型正确的东西并不一定都适用于另一种骑行类型。例如，髋部屈肌在普通型骑行中的相对重要性和作用可以忽略不计，但在极限型骑行中却是关键。比如场地争先赛车手在冲出起跑线和发起进攻时就属于极限型骑行。

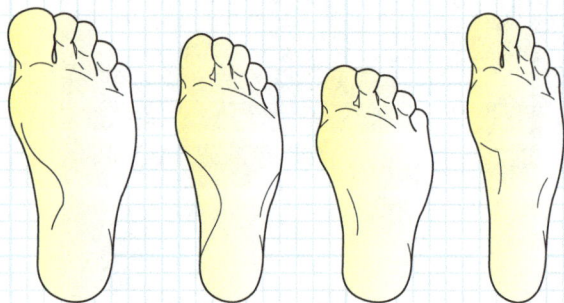

脚的区别不仅在于长度。因此，你的鞋不仅要符合脚长，还要契合脚的形状。

脚踏上。与跑步或散步不同的是，骑行中没有脚后跟触地或足趾离地的情况，因此没有什么"步态周期"可言。车手很少有跑步运动中常见的那些疼痛或伤害问题，这很大程度上是因为他们无须重复承担高达体重数倍的力量冲击。然而，即使没有跑步运动那么严重，自行车运动中也会出现其他各种不同的问题。

热脚

热脚指的是车手们常常抱怨的足部麻木和刺痛的情形。这些问题最常见的根源就在于骑行鞋，所以出现问题时要首先检查自己的鞋子。在骑行过程中，你的脚会略微肿胀，骑得越久，肿胀得就越严重。如果骑行鞋太小或太紧，就没有了允许肿胀的空间。这会压迫神经和血管，导致短时间的麻木或刺痛症状。如果你曾经长时间枕着一条胳膊睡过觉，那你可能经历过这种"失去知觉"的感觉。

如果你的脚出现麻木或刺痛的感觉，就要检查骑行鞋的大小。在没有系紧鞋带的状态下，穿着鞋站立时应该感到很舒适，脚趾也应该没有压迫感。系紧鞋带的时候仍应感觉较为舒适，但是在提起脚后跟时，双脚应该能够牢牢地固定在鞋子里（也就是鞋应该随着脚后跟一起上抬）。

每个人脚的形状是各不相同的，即使脚的大小相同，形状也会不同。一个人的脚可能需要鞋子的下半部分紧一些，上半部分松一些，但是另一个人可能正好相反。如果你确信鞋码正确，那就试一试不同的鞋子。有时候问题不在于鞋子的大小，而在于鞋子的形状。这是合乎逻辑的，因为只有不同形状的鞋子才能更好地适应不同形状的脚。注意前一页中脚的不同形状。

Specialized 骑行鞋的内包头（即鞋子前端允许脚趾活动的空间）很宽大，而更宽更扁的 Sidi 骑行鞋的内包头空间有限（见下图）。

麻木和刺痛感可能是由于神经系统受到过度压迫引起的，但是这种原因并不是很常见。

不同形状的骑行鞋

注意这些不同品牌骑行鞋的细微差异，包括鞋子的内包头、鞋跟杯垫高度和包裹性以及脚跟与脚趾之间高度落差的差异。

车座太高的车手最经常出现这种问题，因为过高的车座迫使膝关节过度伸展——这会拉伸紧绷的神经系统，从而出现上述的症状。它通常也伴随着一系列大腿后侧的疼痛。

抽筋

如果你碰到任何种类的抽筋，首先要评估自己的水分摄入量，因为多数情况下抽筋都是因为水喝得太少。但是如果在骑行过程中出现脚抽筋的情况，那可能是因为鞋码不正确。鞋子太小，脚的肌肉就无法伸展。鞋子如果太大，脚趾为了在鞋子内保持稳定会倾向于不断卷曲。

足中部的足弓疼痛通常与一个人的足姿有关。有些人的足弓很高，而另外一些人的脚却很平。脚很平的人容易过度向内侧旋转（使足弓变平），如果无法得到鞋子内部结构或鞋垫的支撑，就可能出现问题。一些骑行鞋搭配有一系列专注于解决这一问题的鞋垫或鞋内矫形物。如果问题很难解决，那最好

去看看足科医生。

脚外侧疼痛

鞋子太紧通常会引起第五跖骨附近疼痛。我发现，随着碳纤维骑行鞋的出现，这种疼痛问题变得越来越多了，因为碳纤维骑行鞋的鞋底会包裹着脚外侧。碳纤维骑行鞋的使用要求很严苛，只有非常合脚才能避免出问题，但是我也看过价格高昂的定制骑行鞋被丢弃在垃圾桶里。脚外侧疼痛的另一个原因是所谓的"瀑布效应"。瀑布效应指的是由于锁片位置过于靠近内侧，骑行鞋外侧缺乏足够支撑，最终导致脚外侧下压得过低。

这种问题常见于体重大或力量强大的车手——随着使用时间的推移，鞋子的材料会开始分解变软，导致脚外侧下压得过低。为了解决这一问题，必须纠正过于靠近内侧的锁片设定。有些车手在让脚偏离曲柄的过程中，也会碰到这一问题。这些车手之所以这么做，是因为他们在站立阔度方面有些问题，比如外八字

内包头的比较

更大

内包头
注意Specialized骑行鞋和Sidi骑行鞋之间内包头高度的差别。

更小

脚的车手的脚后跟容易撞到后下叉，有些车手使用了轴心长度太短的脚踏系统，或者是有些车手的骨盆比较宽。一般来说，使用更长的脚踏轴心或垫片就能增加站立阔度，从而轻松解决"瀑布效应"问题。

脚后跟与跟腱

脚后跟或跟腱疼痛是自行车手经常碰到的问题。踩踏技术水平不高、鞋子和车座高度不合适是疼痛的主要原因。

不同鞋子包裹支撑脚后跟的方式差异很大。鞋子太高会摩擦跟腱，鞋子太低又会摩擦跟骨。现在有些制造商为了能完全地防止脚后跟抬起，在鞋跟杯垫上增加了定向限制的材料。

鞋子应该与踩踏风格相匹配。如果你是脚后跟下沉式的踩踏风格，那么换成脚后跟和脚趾落差更小的鞋子后，在下死点时的脚后跟位置甚至会更低。

车座高度不当也可能引起脚后跟或跟腱疼痛。车座太低会迫使车手采用脚后跟非常低的踩踏风格，而车座太高会让双脚持续过度伸展。

除非你已经适应了爬坡，否则连续爬坡可能会出现跟腱问题。在长距离爬坡中，我们为了保存力量往往会坐得靠后一些，伸展双腿，并采用脚后跟朝下的踩踏方式，但是这会让跟腱承受更大的压力。英国奥运场地车争先赛车队的队员很少一次骑行 90 分钟以上，所以当他们在马略卡岛耐力训练营进行年度训练时常会遭遇跟腱问题。

即使查明了最初的病因，跟腱问题也可能仍然存在。一个简单有效的方法就是将锁片位置往后移，通过缩短脚与脚踏之间的力臂减少跟腱的压力。

脚 / 锁片的纠正

作为人与自行车之间的一个主要接触点，脚 / 脚踏接口及其设定是非常重要的。如今市场上涌现出大量具备可调节功能的产品。自行

高足弓和低足弓

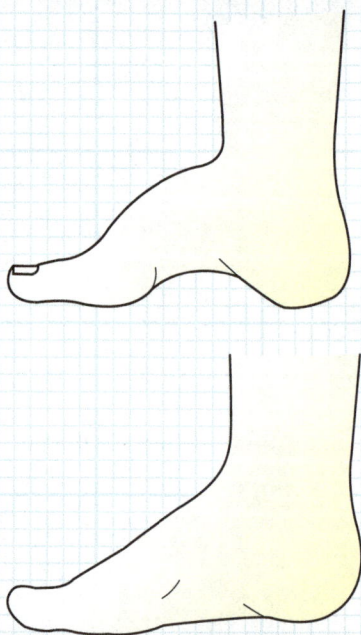

脚外侧上的碳纤维边缘

包裹第五跖骨
的碳纤维边缘

纠正站立阔度以解决瀑布效应

错误 正确

锁片位置从鞋子的内侧移到中间，让脚外侧不再下压得过低。

不同鞋子包裹支撑脚后跟的方式差异很大

注意鞋跟杯垫的差异。相较于左边的Bont骑行鞋，右边Mavic骑行鞋的鞋跟杯垫要高得多，而且也更窄。跟腱敏感的车手可能更喜欢脚后跟接触更少的鞋子。

许多职业车手要穿赞助商提供的某一特定品牌的骑行鞋。这会很合算，但有时候赞助的鞋子并不适合车手。为了解决这个问题，一名世界冠军级别的车手甚至把鞋子弄成了图中的样子。

脚后跟下沉的踩踏风格

脚后跟下沉的踩踏风格中，在处于下死点位置时，膝关节会伸展开，而脚会向背侧屈曲（脚后跟朝下）。

脚后跟-脚趾落差

脚后跟-脚趾落差较小的鞋子会让脚后跟的位置变得更低。

车座高度的影响

车座太低会引发脚后跟下沉的踩踏方式

为了抵消较低的车座高度的影响，车手的脚会更加向后侧屈曲，这样才能保持良好的膝关节角度。

车座太高会引起膝盖过度伸展

注意图中的车手正在试图让脚向前侧屈曲（脚趾朝下），从而由踝关节而不是由膝关节来吸收较高的车座高度。

连续爬坡中脚后跟下沉的踩踏风格

车运动具有不断重复活动的特性，这意味着如果自行车设定不当，你的脚踝、膝盖或髋部（即运动力学链）就很容易出现过劳损伤问题。整个运动力学链受到脚上力量的影响，因此要注重接触点的设定。但是因为运动力学链的医学特性以及错误矫正引发的潜在伤害，所以关于运动力学链的评估和矫正措施目前还存在诸多争议。

脚的生物力学特性

在我看来，脚是人体中最令人惊奇的结构。在走路的过程中，脚既是柔软富有弹性的结构，可以适应任何路面状态，同时又是可以推动我们前进的刚性杠杆，在毫秒之间就能实现两种角色的转变。双脚在发挥这两种截然不同的作用的时候，经历了一个向内侧旋转和向外侧旋转的过程。

英国自行车协会的足科医生和我发明了一种观察足部异常的简单方法，所以我们能够通力合作一起解决问题。"异常"一般指的是双脚的有些部位太僵硬或太灵活。正常的脚在承受一定重量时，都会适度地向内旋转。过度柔软的脚的内旋程度会过高，临床表现为足弓太低。过度僵硬的脚在承重状态下则向内旋转程度很低，有很高的足弓。

脚的医学性质很复杂，所以应该由医学专家来实施治疗措施。但是在单车运动中，脚只需发挥刚性杠杆的作用，没有脚后跟着地的步态，只有脚趾离地的步态。这会让脚的支撑作用实现起来更简单一些，因为不用像走路时那样需要平衡柔软地面和坚硬地面这两种相互冲突的需求。

有两种基本的纠正干预措施——内部矫形物和外部垫片。内部矫形物指的是承压加工的鞋垫，可能是批量生产的鞋垫，也可能是定制的鞋垫。外部垫片放在锁片和骑行鞋之间，使整个鞋子向外翻或向内翻。在前脚掌安装垫片可以纠正双脚的生物力学特性，并增强脚作为刚性杠杆的作用。当人们意识到这一点后，就掀起了使用垫片的热潮。确实有些人在大力宣

脚部问题

问题	原因	解决方案
脚痛或麻木	鞋太紧	放松鞋带——骑行中脚会肿胀
		改变鞋码
		拿掉鞋垫或更换合适的鞋垫
	跖骨球疼痛	按照指导规则移动锁片
	瀑布效应——脚外侧疼痛	向脚内侧移动锁片，考虑使用更长的脚踏轴心
脚抽筋	鞋太小	改变鞋码
	鞋子过大（为了稳定脚趾而用力过度）	改变鞋码
跟腱疼痛	车座太高	降低车座，避免脚过度拉伸
	车座太低	升高车座，避免脚后跟朝下的踩踏方式
	连续爬坡	在问题得到解决前避免连续爬坡，或者向后移动锁片
	锁片位置过于靠前	向后移动锁片，以减少跟腱的压力

扬传统的足中后部纠正方法是毫无用处的，因为前脚掌才是脚与脚踏接触的区域。

与仅仅支撑足弓相比，改变整个鞋子的倾斜度具有大得多的影响。它会影响下肢的整条运动力学链：髋部、膝盖和脚踝。许多权威人士很认同使用垫片对运动力学链的作用，例如用来纠正膝盖的运动轨迹，使膝盖活动轨迹变得更加上下垂直。然而，几乎没有证据能够支持这一说法，反而是有强有力的证据表明它可能弊大于利。

还有一种广泛流传的夸张说法，宣称80%的人都有前脚掌内翻现象，因此需要用内翻垫片来促进脚与脚踏的接触，从而消除过度的外旋角度。以我的经验来看，这根本就不是真的。总的来说，评估前脚掌的内翻和外翻以及脚的运动生物力学特性是非常困难的，这也许能解释为什么有那么多人都错误地认为自己的前脚掌内翻。

在我看来，除非有足够的医学理由（比如过度劳损或生物力学特性异常），或者是日常生活中已经使用了倾斜矫正装备，否则不应该在鞋子上使用垫片。

我的简单评估规则是这样的：注意观察双脚在自然承重情况下的状态，不要施加干预。除非有专业人士的帮助，否则不要实施超出你自身的正常力学结构的干预措施。

膝盖

膝盖是车手最常受伤或疼痛的关节。自行车骑行或设定中的很多问题都会影响到膝关节。这一定程度上是因为膝关节是没有支撑的关节（即不接触自行车）。膝关节负责将大腿和骨盆产生的力量传导至脚和踝关节，最终输送至脚踏上。车座和脚踏的设定会影响膝盖。正如你想的那样，有非常多的因素可以引起同样的问题。许多膝盖损伤是由于膝关节重复承受不当压力引起的。在你跑步或从路边石上跳下时，你的踝关节会帮助吸收动作的冲击，而

向内侧旋转和向外侧旋转

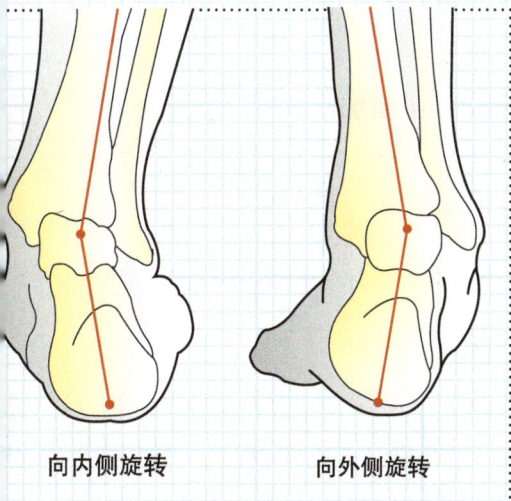

向内侧旋转　　　　向外侧旋转

前脚掌内翻和外翻

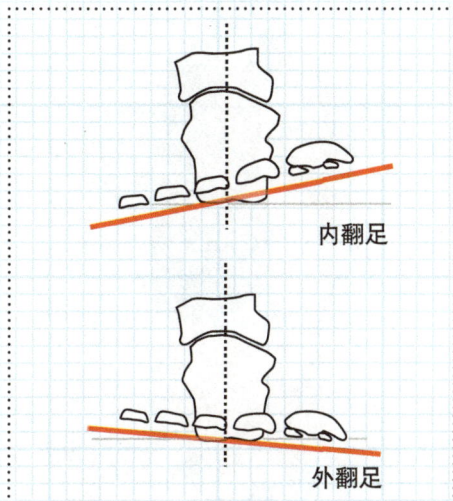

内翻足

外翻足

且紧接着将会采取不同的抗冲击模式。在自行车运动中，如果脚 / 脚踏的设定方式不当，那么在接下来的一小时中，膝盖内某个特定组织将需要承受重复施加数千次的异常压力。自行车运动中的膝盖损伤主要源于自行车设定不当或训练负荷变化太大。

迄今为止，相关研究文献要么以表格来解释这一复杂的问题——表格由症状和相对应的病因构成，这样过于简单化了；要么进行深入的生物力学描述，让车手们自己去找出病因。同时，目前还流传着一些有关膝盖应该如何运动的错误说法。

尽管存在这些问题，但是骑行对于膝盖有伤的人来说实际上是一种非常安全的康复运动。针对膝盖有伤的患者，许多康复专家会将骑行运动作为心血管锻炼的首选项目，这是因为骑行具有部分负重的特性，而且还是相对安全的二维平面运动。

我在这里希望能告诉你如何认识膝盖伤痛问题、理解其病因以及如何解决这个问题。为了尽可能表述清楚，我们需要先谈一谈观察膝盖的方法。我们将用侧面视图来说明车座高度、车座前后位置和脚踏前后位置。

骑行者的膝盖问题大部分都可以通过改变负重模式、纠正自行车设定或训练负荷得到解决，最好再结合一些日常理疗措施。因此，我们将专注于膝盖受伤的原因，而不是去解释说明个性化的伤情。

你会听到人们以髌骨肌腱炎、髌骨轨迹不正、膝盖前端疼痛和滑膜皱襞综合征的名称来诊断骑行引起的膝盖伤痛。根据我的经验来看，除非主治医生了解自行车运动的知识，否则你最终拿到的诊断结果通常与自行车无关。如果诊断正确倒也没什么关系，但如果损伤是由于骑行引起的，那么医生就很可能无法妥善地解决你的问题。滑膜皱襞综合征就是一个鲜

视图位面

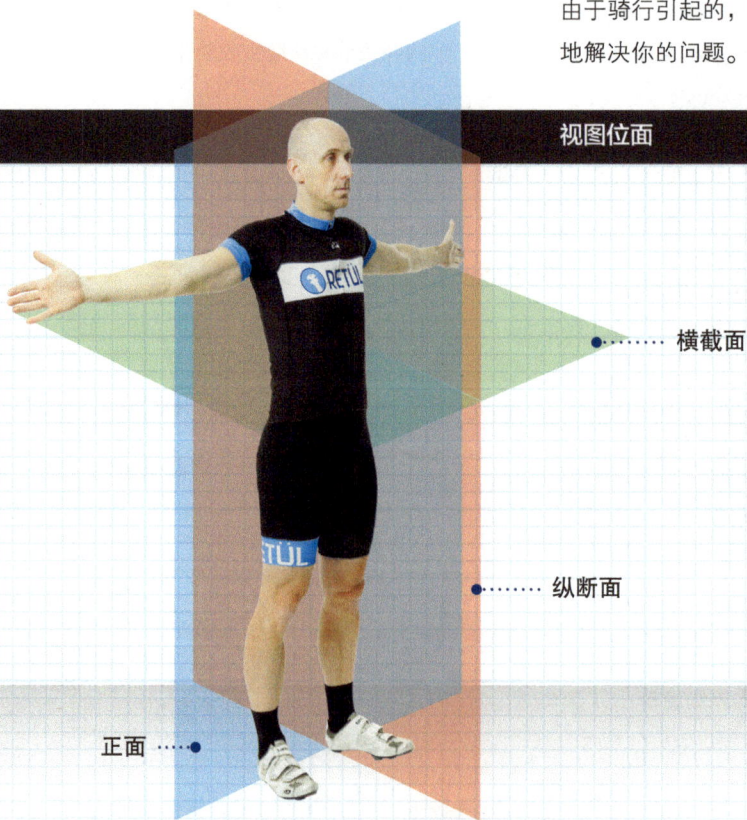

横截面

纵断面

正面

明的例子。

　　滑膜皱襞是关节周围的折皱，有些人认为滑膜皱襞是婴儿时代遗留下来的无用组织。外科医生们对滑膜皱襞重要性的看法也存在分歧，但是滑膜皱襞在核磁共振扫描中通常看起来像是发炎，因此常被错误地认定为膝盖伤痛的病因。大多数外科病例都很复杂且冗长，很难确定实施手术是否就能解决问题，或者是仅仅通过康复计划或休息就能改善膝盖健康状况。在万不得已选择皱襞切除或注射可的松之前，我首先会尝试使用各种生物力学干预的治疗措施。

　　因此，如果你想准确诊断那些纯粹由骑行引起的膝盖损伤，那就尽量找一名具备自行车运动知识的理疗师或医生，或者至少是一名具有开放思维的医疗专家。

膝盖侧面视图

　　在前文中，我们讲解了设定车座高度所需的最佳膝关节角度。这些数据并不是凭空想出来的。我们建议车手们在下死点采用 30~35 度的膝关节伸展角度，在上死点采用 110 度的膝关节弯曲角度，这都是有充足理由的，因为角度比这大或比这小都可能引起问题。

车座高度

　　车座太高往往会引起膝盖后面和侧面的疼痛。车座太高导致腘绳肌腱不得不过度拉伸，引起膝盖疼痛，疼痛点通常位于腘绳肌腱在膝盖后面的连接点上。髂胫束指的是从髋部外侧延伸到膝盖外侧的深筋膜。它此时也被迫过度拉长，表现为膝盖外侧疼痛，或者髂胫束在侧面进行拉拽时引起髌骨疼痛。

　　车座太高也会引起小腿疼痛，因为处于踩踏循环的底部时，脚和脚踝为了够到脚踏必须用力地向下伸。

　　车座太低容易引起膝盖前面和髌骨周围疼痛。这是因为在通过上死点并向下踩时，髌骨

膝盖问题

问题	原因	解决方案
膝盖前端疼痛	车座太低	升高车座高度，达到符合骑行风格的最佳膝关节角度
	车座过于靠前	车座向后移
	曲柄太长	选用更短的曲柄
	锁片位置过于靠前	锁片向后移
膝盖内侧疼痛	车座太低	升高车座高度，达到符合骑行风格的最佳膝关节角度
	车座太高	降低车座高度，达到符合骑行风格的最佳膝关节角度
	锁片设定不当	锁片设定应符合走路风格——如果是外八字脚的走路风格，应该允许脚后跟在脚踏上朝向内侧
	浮动量过大	消除浮动，或者换一对浮动更少的锁片；检查磨损的锁片和脚踏
	站立阔度太宽（即两脚离得太远）	减少站立阔度——向外侧移动锁片或者变换脚踏轴心长度
膝盖外侧疼痛	车座太高	降低车座高度，达到符合骑行风格的最佳膝关节角度
	车座太低	升高车座高度，达到符合骑行风格的最佳膝关节角度
	锁片设定不当	锁片设定应符合走路风格——如果是外八字脚的走路风格，应该允许脚后跟在脚踏上朝向内侧
	浮动量过大	消除浮动，或者换一对浮动更少的锁片；检查磨损的锁片和脚踏
	站立阔度太窄（即两脚离得太近）	增加站立阔度——向内侧移动锁片或者变换脚踏轴心长度
膝盖后面疼痛	车座太高	降低车座高度，达到符合骑行风格的最佳膝关节角度
	车座过于靠后	车座向前移
	前伸量太大	放松/缩短前伸量，从而让骨盆能够向后旋转——放松腘绳肌腱
	车座形状不当	车座形状不当会阻碍骨盆的旋转，所以要更换车座

受到的压力会增加。

　　车座前后位置可以看作车座高度的一个组成部分，运动分析系统在计算时会将其作为车座高度和后移量组成的函数中的一部分，但车座前后位置也有其自身的相关性。如果车座的位置过于靠后，那么实际上是提高了车座高度，所以车手们往往会遇到腘绳肌腱拉伤或膝盖后面疼痛的问题。

　　如果车座位置过于靠前，则会出现膝盖前端疼痛问题，因为此时膝盖的位置比脚的位置更靠前。在踩踏循环中，膝盖比脚靠前得越多，膝盖骨承受的压力就越大。简单来说，此时膝盖骨与股骨的前端正在相互强力挤压着。这些压力会引起膝盖前端疼痛。

　　锁鞋上锁片的设定也会影响膝盖。如果锁片过于靠前，则膝盖相对于脚的位置会随之过于靠前，从而引起膝盖前端疼痛症状。

　　如果锁片位置过于靠后（靠近足弓），虽然会降低膝盖超过脚的可能性，但也增加了脚

　　如果你觉得车座太高了，那试着用本书前文所描述的方法将其设定到最佳高度；或者试着稍微降低车座高度（变化 0.5 厘米就会有很大的不同），看看情况是否有所改善。

　　黄金法则：在尝试这个方法时，一次只改变一项设定，否则你无法知道究竟是哪项设定的改变起了作用。

必须移动的距离。如果车座高度不当，腘绳肌腱则不得不过度拉伸，因为它们必须尽力伸展以够到脚踏。

膝盖正面视图

　　下次你在看环法单车赛或其他职业赛事时，不妨从正面观察一下主车群前方车手的骑行方式。他们的膝盖活动通常被描述为膝盖相对于髋部和脚的"运动轨迹"。我敢保证你会看到许多不同的运动轨迹模式。有些车手的膝盖轨迹朝向外侧，有些车手的轨迹朝向内侧，

侧面视图下的膝盖位置

　　在日常非骑行活动中，也会存在由膝盖位置比脚更靠前而引起的损伤。因此，所有健身教练都会告诉你，在弓步向前冲时，不要让膝盖超过你的脚。当然你可以试着让膝盖超过你的脚，感觉一下膝盖前端不断增加的压力。

膝盖超过脚时，膝盖受到的压力大增。

膝盖与脚的相对位置关系对于力量产生和避免损伤具有至关重要的作用。注意膝盖的位置位于脚踏轴心的后面。

错误

正确

而在某些情况下，两边的膝盖可能各有不同的运动轨迹。这些车手参加的都是世界顶级比赛，但还是有许多所谓的 BIKE FIT 专家试图从根本上改变他们的膝盖运动轨迹。这是因为有一些关于膝盖运动轨迹的观点受到人们普遍的推崇（在我看来这些观点都是错误的）。

有一种错误观点认为，在骑行过程中髋部、膝盖和脚应该处于同一个垂直平面。这种观点认为只有这样才能最高效地产生力量，并将力量传导到脚踏上。力量的来源为髋部和膝盖，力量的传导则由脚和脚踝来实现，这二者之间有一条最直接的路径。从纯粹的机械力学角度看，如果膝盖活动偏离这一路径，会被人们看作在浪费能量。然而，针对这一问题的研究很有限而且没确定的结果。在我看来，并没有什么有力的证据能表明偏离最直接路径是弊大于利的。实际上，强行将髋部、膝盖和脚对齐在同一垂直平面的行为反倒可能造成伤害。

随着骑行经验的增加，你会渐渐了解自己的膝盖活动轨迹。我不会试图去改变任何车手的正面膝盖活动轨迹，除非他们已经出现疼痛或过劳损伤。但即使如此，我也需要找到足够的证据来证明纠正活动轨迹是有益的。这是因为正面膝盖活动轨迹是一个人的生物力学特性、伤病史和骑行能力的反映。不幸的是，它与围绕膝盖校正理论发展起来的整个产业的利益相冲突。这个产业提供各种治疗干预措施，其中最常见的就是垫片。这些干预措施很重要，效果也很强大。但是正因为它的影响很大，所以只有在理由充分的时候才可以使用。

不同的膝盖轨迹

膝盖轨迹有很多种，成因各不相同，但是这些差异并不一定有问题。不过确实存在与膝盖轨迹有关的问题，我们应该找到问题的主要原因。

膝盖轨迹朝向内侧

膝盖朝内的踩踏风格被归因于足姿和力学结构。随着膝盖通过上死点，力量开始通过踇

膝盖运动轨迹

在踩踏过程中，不同人的膝盖会不同程度地靠近或偏离上管，也就是说会向内侧和向外侧偏离不同的角度。

一种解决问题的方法

在探究骑行引起的疼痛或表现不佳的原因时，不能只考虑设备或自行车设定。

对于同一种疼痛或伤病可能有无数的原因，很难弄清楚到底是怎么回事，因为往往一个问题会引起另一个问题。不久之后你会发现，从一个小问题开始追踪原因，最后查找到的竟是对自己的骑行有严重威胁的问题。

不只是普通的骑行爱好者存在这种情况。我曾经帮助世界冠军和环法赛段冠军解决一些很简单的问题，但是这些问题已经持续了非常长的时间了，因为那些帮助他们的专家（理疗师、医生和科学家）被局部现象所迷惑，而没有关注整体和全局。自行车是一项独特的运动，有着独特的伤病特征。

下文是我对于如何寻找病因的简单指导，可以通过排除法查找问题。

AEIOU法：5个元音字母

让我们通过一个案例，找出可能的病因。

一名男性车手右膝盖疼痛。我们使用 AEIOU 法找出原因。

● 活动（Activity）。问问自己最近的训练有什么变化，根本原因可能是训练负荷、训练量或训练地形发生重大或突然的变化，而身体没有足够的时间去适应。膝盖疼痛的常见原因是爬坡训练增加、大量的重齿比骑行，或者是训练量的急剧增加。

分析一下你最近一直在做的事情，如果变化与损伤或疼痛问题有关，那就进行进一步的调查。

● 装备（Equipment）。想想自己的装备最近都有哪些变化，包括鞋子、新锁片或是磨损的锁片、锁片位置、踩踏方式、自行车设定等。本书对此还有更多的详细讲解。在英国自行车协会中，由活动和装备引起的自行车运动损伤占到总数的75%。

● 身体特性（Intrinsic）。身体特性指的是那些与你和你的身体结构有关的问题。左右腿长度不一样会引发膝盖疼痛，盆骨扭曲也会引发膝盖疼痛。要了解自己的身体及其独特的构造。

● 其他（Other）。我们把所有奇怪的病因都归入这一类，这一分类其实非常有意义。乘飞机长途旅行中，膝盖8个小时都没有活动了，那么膝关节就会变得僵硬疼痛；你已经在病床上躺了一个星期，无法伸展活动身体，身体的各个部分都紧绷绷的，等恢复训练时，你的右膝盖首当其冲地要承受重压，从而出现疼痛状况；昆虫叮咬引起严重感染，随之而来的肿胀使膝盖出现不规则的活动，进而引发疼痛。

● 未知（Unknown）。有时疼痛或损伤的原因不明。人体是一个非常复杂的结构，持续地颠覆着人们对它运作方式的认识。但是不要担心。如果原因不明，你可以通过处理已知问题来解决病痛。比如说你的膝盖出现疼痛症状，那么可以学习本书的知识来优化骑行姿势，从而调理膝盖疼痛问题。骑行姿势可能并不是问题的根源，但是通过采用有助于保护膝盖的姿势，可以尽快解决遇到的问题。

我相信通过这种方法，你自己就可以查找出80%的问题。如果问题是由装备或是装备的设定所引发的，那么前面的章节有助于我们发现问题的更多细节。

这名车手出现右膝疼痛怎么办

他应首先查看自己平常的训练，发现自己处于一个非常稳定的阶段，并没有什么实质上的改变——排除活动因素。他知道自己左右腿不一样长，但是之前已经采取针对性的弥补措施了——排除身体特性因素。他已经有一段时间没有更换锁片了，在检查时发现右边锁片完全松了。这可能是右膝盖疼痛的原因，因为在踩踏过程中，锁片松弛会引起右腿不稳定，而为了控制晃动的右腿则会增加右膝盖所承受的压力。因此，装备因素是问题的根源。

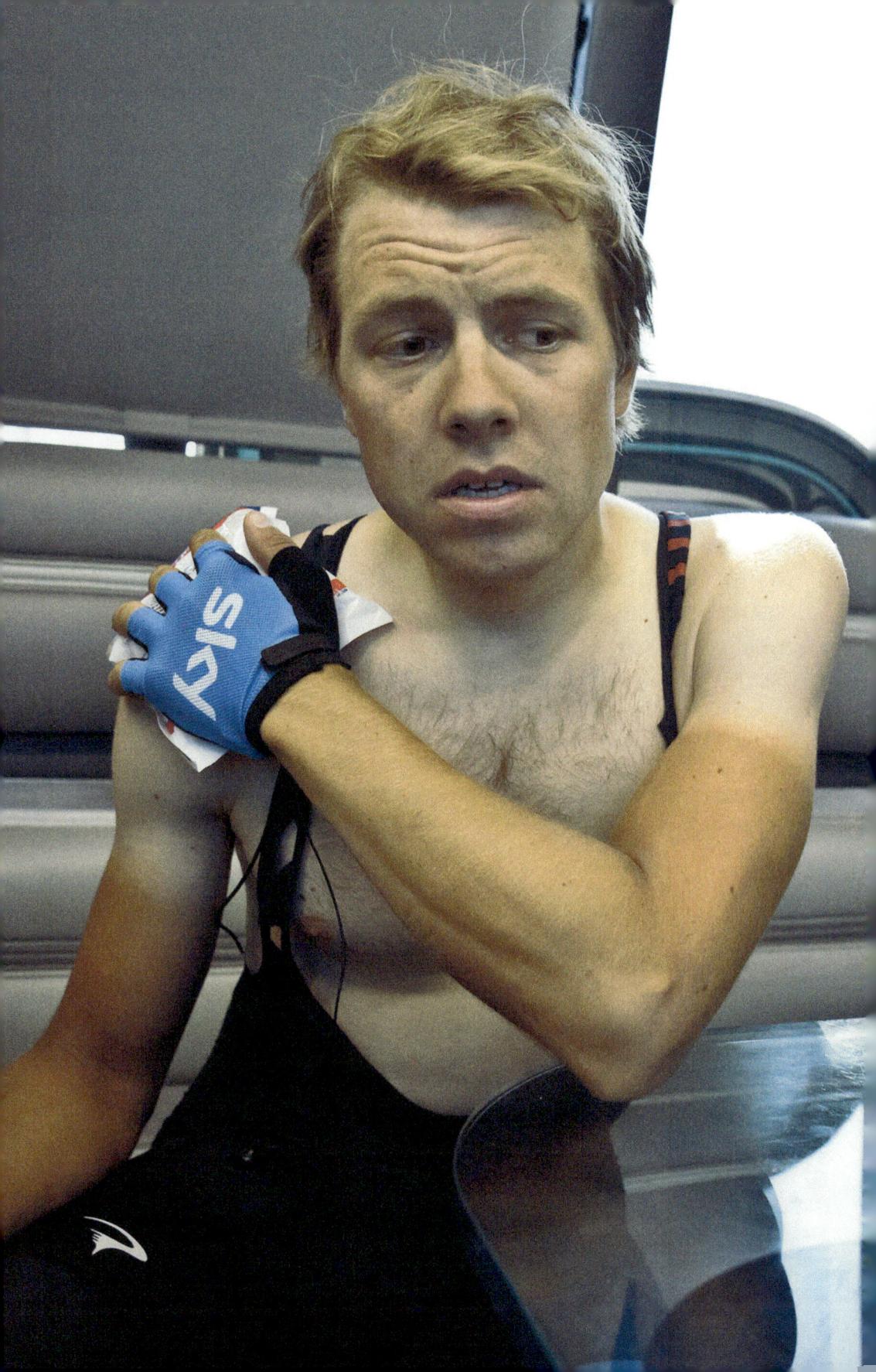

骨球施加在脚踏上，脚的动作则决定了膝盖的运动轨迹。如果车手的前脚掌内翻（大脚趾高于小脚趾），随着膝关节进一步伸展，脚的过度外旋会引起膝盖朝着车架方向移动。这是因为随着腿的进一步伸展，为了弥补脚的调节性的不足，胫骨会绕着股骨旋转。

在锁片下面加入垫片，可以纠正前脚掌内翻问题，并消除膝盖朝向内侧的动作。支持使用垫片的人认为，由于 80% 的人都是前脚掌内翻，所以为了产生更多力量并保持更齐整的姿态，大多数车手都应该使用前脚掌内翻垫片。

许多足科医生认为这个数值被大大高估了，真正的前脚掌内翻其实很罕见。两个观点的分歧很可能是由于 BIKE FIT 专家对脚的错误测量引起的，因为如果要正确测量前脚掌内翻，需要让脚保持中立的姿势，但是这要求 BIKE FIT 专家具备相当好的技术。

如果你的膝盖轨迹朝向内侧并且伴随有膝盖疼痛等问题，那我的建议是先看看是否存在

与骑行无关的原因。比如，你在日常生活中是否使用矫正鞋垫？如果是，那你是否把它也用在了骑行鞋中？如果没有的话，那试着在骑行鞋中也使用矫正鞋垫，看看是否有什么不同。如果你没有专门检查过自己的足姿，但是又有些担心，那就去看足科医生。

膝盖轨迹既朝向内侧又朝向外侧

有些车手以椭圆形膝盖轨迹的方式踩踏，在向下踩踏时，膝盖朝着车架内侧移动，而在上提的过程中，膝盖又朝着外侧移动。这种情况很常见，很可能是因为车手在完成向下踩踏后为了释放关节的负荷而将髋关节往外旋转，然后再往内旋转返回上死点开始新的踩踏循环。有些人认为这能使髋部屈肌更有效地发挥作用，但是马丁和布朗的研究已经证明髋部屈肌在整个踩踏功率输出中只有微不足道的贡献，所以没什么重要的作用。

膝盖轨迹朝向外侧

我日常在城里上下班的时候，经常看到有

前脚掌内翻	使用垫片弥补内翻足问题

随着用力下踩，注意观察车手的膝盖会朝着上管靠近。

人采用膝盖朝外的踩踏方式。最常见的原因是自行车太小了或是车座高度太低了——通常是因为他们第一次骑这辆车或者这辆车是从别人那儿借来的。在顶级自行车手中，这种膝盖活动轨迹较为罕见。如果自行车和车座高度都合适，但是膝盖轨迹仍然朝向外侧，那么我认为这反映了车手的体重、髋部和膝盖问题。肥胖的车手为了避免大腿碰到自己的肚子，不得不让膝盖偏向外侧；而髋部疼痛的车手会自然而然地尽量旋转髋部以减少髋关节承受的压力。

随着骑行经验的增加和体重的减轻，采用这种骑行风格的新手会渐渐地变得正常。如果情况还是一直如此，那最好的方法就是增加站立阔度。正如内翻足垫片可以纠正膝盖朝内问题一样，外翻足垫片也有助于纠正膝盖朝外问题。但是只有不到 10% 的人前脚掌外翻，所以不可以随便使用垫片，因为垫片使用不当会引起疼痛。简而言之，最好的解决办法是减肥或者使用更大尺寸的自行车。

膝盖轨迹一边朝外而另一边朝内

这种膝盖活动轨迹通常与不对称（尤其是双腿长度存在差异）和脊柱问题（引起骨盆扭曲）有关。如果这种踩踏方式引发的问题需要解决，那么要去找有足够能力将身体局限性与 BIKE FIT 相结合的专家，请他们来评估并合理地解决问题。后文将介绍解剖学上的差异及不对称性。

其他疼痛

锁片 / 脚踏系统的浮动量可能引起膝盖问题。磨损的锁片会使浮动过度，导致左右晃动。在控制这种晃动的过程中，可能会引起膝盖疼痛。改变一个人常用的浮动类型也会引起问题。

肌肉失衡

上文所述的所有不平衡都会导致膝盖疼痛。潜在的膝盖损伤有很多种，但有一些损伤类型出现得更频繁。

膝盖轨迹呈椭圆形的车手	膝盖轨迹朝外的车手

注意上提过程中膝盖（车手的左边）向外侧移动，而向下踩踏时的膝盖（车手的右边）向内侧移动，形成椭圆形轨迹。

在上提和下踩过程中，膝盖都是向外侧偏移。

股直肌紧张

股直肌是股四头肌的一部分，它经过髋关节和膝关节（这就是我们所说的"双关节肌肉"），因此具备两种功能：伸展膝关节和弯曲髋关节。在大腿的股四头肌创造强大力量的过程中，股直肌由于有这种特性，所以能够充当控制或抑制的角色。可惜的是，这同时也意味着股直肌是最可能出现肌肉紧绷的大腿肌肉，进而限制膝盖骨的正常活动，引起膝盖疼痛。解决这种失衡情况通常是缓解膝盖疼痛的关键。

髂胫束紧绷或功能障碍

关于髂胫束的确切作用和性质存在许多争议。一些人认为它是一种非活性的类似于肌腱的结构，其他人则认为它本身就是一种主动有活性的肌肉。我认为这两种观点都有一定道理。我所确切知道的是，由 Q 角度不当引起的髂胫束紧绷会引起膝盖疼痛，而 Q 角度不当是由姿势错误造成的，所以缓解膝盖疼痛的方法就是要根除病因：姿势、锁片设定或是站立阔度问题。另外可以使用泡沫轴消除髂胫束紧绷。

首先使泡沫轴在身体一侧慢慢地上下滚动。注意：保持双脚离地，并试着让整个身体的重量施加在泡沫轴上。每天做 3 组，每组 10 个来回。刚开始时会非常疼，甚至身体会有瘀青，但是每天练习且连续练习两周后，疼痛就会完全消失！我建议车手们通过每周 3 次的练习来保持髂胫束的灵活性。

髋部

髋部屈肌

一直没有关于髋部屈肌在自行车运动中的重要性的详细研究。许多专家认为这些肌肉负责踩踏循环中的上提动作，因此认为上提动作缺乏力量的根源在于肌肉效率低下。教练们以此为理由要求车手进行踩踏训练（例如踩踏画圆）。然而，马丁和布朗以及其他人的研究已经清楚地表明，上提动作的力量缺乏是由于与

一侧膝盖轨迹朝外另一侧膝盖轨迹朝内的姿势

用泡沫轴能减轻疼痛

英国自行车协会大量使用泡沫轴。泡沫轴是一种直径约 15 厘米的硬泡沫圆筒。使用泡沫轴揉压肌肉可以减轻疼痛。泡沫轴是一个可以用来放松身体周边筋肌膜部位（即肌肉和筋膜的连接处）的神奇工具。髂胫束是一个典型的容易变得紧绷的筋肌膜部位。髂胫束紧绷通常是因为在骑行中髂胫束需要不断地重复控制膝盖。任何一个平时经常骑车的人，如果能经常使用泡沫轴，就能有效地避免膝盖问题。何必等到膝盖出问题了才去用泡沫轴呢？如果你的膝盖出现了问题，而且你或你的医生怀疑这个问题与髂胫束有关，那么泡沫轴就能够帮助解决问题。

肌肉无关的力量（而不是因为肌肉效率低），有意识地练习上提动作或踩踏画圆实际上会让你变得更加效率低下。

　　髋部屈肌除了在站立式出发时有助于提供巨大的力量之外，实际上对于持续踩踏功率输出的贡献很少。与股四头肌和股大肌相比，髋部屈肌的贡献显得微不足道。

　　这并不是说髋部屈肌不会引发问题。自行车骑行要求车手保持屈曲的髋部、骨盆和腰椎姿势。髋部屈肌会渐渐习惯于很小的活动幅度。这会让髋部屈肌长期处于收缩状态，导致髋部疼痛或是腰部疼痛，尤其是在伸展原有屈曲姿势的时候更是如此。腰部疼痛来源于人体最后的 3 节腰椎。

血管问题

　　车手们髋部、骨盆及其周围的血管容易出现问题，这主要与为下肢提供血液的髂动脉有关。损伤或疾病会引起动脉拉伸、变窄或扭结，而在高强度锻炼时这会阻碍血液向腿部流动。在骑行过程中缺乏血液流动会引起疼痛、疲惫或虚弱症状。如果骑行中出现无法解释的功率输出下降，通常就是源于这个原因。

　　骑行运动中对髂动脉形成压迫的诸多因素共同构成了问题的成因。研究结果倾向于认为，极高的血液流动速度、重复的髋部屈曲和闭合的髋

泡沫轴的使用

泡沫轴

许多职业车手的旅行包中都会有泡沫轴。图中的车手在使用泡沫轴时只施加了身体的部分重量。在揉压时保持双脚离地，意味着它需要承受全身重量。这是最有效率的（也是最痛苦的）放松方法。

关节角度（为了更符合空气动力学）是其中的主要因素。在压迫状态下，动脉持续重复的屈曲会损害动脉的各层动脉壁，可能拉伸或扭结动脉。动脉壁有时会变窄，这就是"血管内病变"的过程。这意味着动脉在锻炼过程中无法适当扩张，导致高强度骑行中流往腿部的血液变少了。

如果你的两条腿或一条腿出现了上述症状（即髋部疼痛或原因不明的功率损失），而且只有在高强度骑行时才会有这种体验，那么就有必要进行准确的诊断，因为这种情况经常会被误诊或处理得不恰当。如果这种情况一直不处理，可能会发展到只有停止骑行才能完全缓解症状的地步，甚至许多竞赛级车手的职业生涯因此而终结。有一些侵入式和非侵入式的检查能够确定问题的成因。要找一位合格的医疗专家进行诊断。无论是利用塑料管扩张动脉的支架手术，还是切除一段动脉壁的手术，都是很重大的治疗措施，而且结果很难说，所以要尽可能地避免这种情况。

早期诊断非常关键，因为动脉壁的变化很大程度上是不可恢复的。通过改变自行车设定来增大髋关节角度，可以在髋关节开放和闭合的过程中减少动脉的拉伸和扭结。因此，我建议在设定计时赛或铁人三项赛的空气动力学姿势的时候，髋关节闭合角度应在35~40度，因为早期预防是解决这种问题的最好良药。

车座相关的伤害

骨盆的结构

本质上说，人体结构并不是为骑行而"设计"的！当我们坐在车座上的时候，坐骨结节和周边的软组织都会承受压力。男性和女性都有明显的以外部生殖器形式暴露在外的软组织。这些软组织对于车座的压力和摩擦都非常敏感。

皮肤的主要功能之一就是作为一道屏障防止细菌和病毒侵入身体。严重的摩擦会损坏这道屏障，软组织更容易受到感染，而且皮肤受到

髂动脉里受阻的血液流动

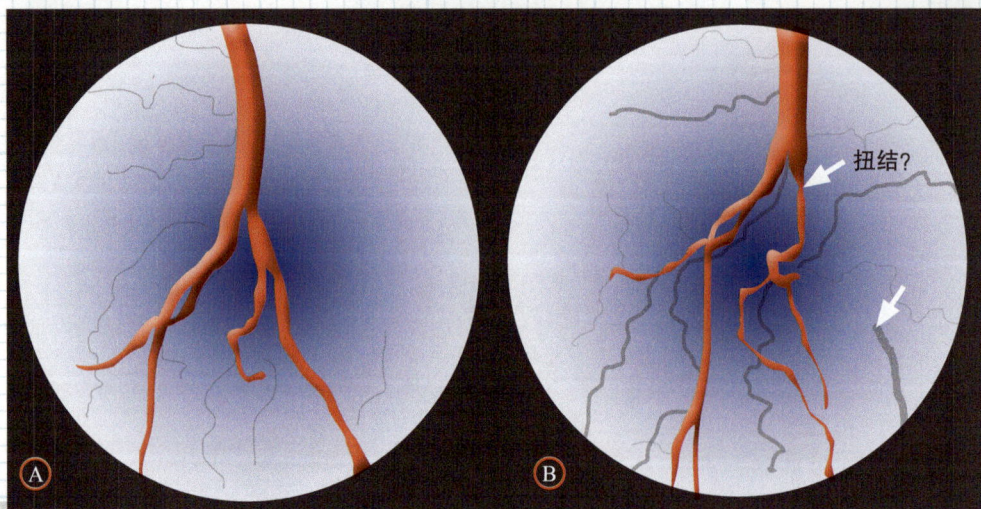

比较A图和B图中血液从大动脉流向更小动脉的流动情况差异。图中箭头所指的就是血流受阻碍的位置——很可能是血管扭结。

闭合的髋关节角度

　　注意图B中的髋关节闭合角度比图A中的要小得多。这与追求符合空气动力学的骑行风格有关。注意车手的膝盖已经靠近了胸部。髋关节闭合角度太小引起的血液流动问题会给一些车手带来健康方面的危害，表现为不明原因的功率输出下降或者是阵痛及麻木。

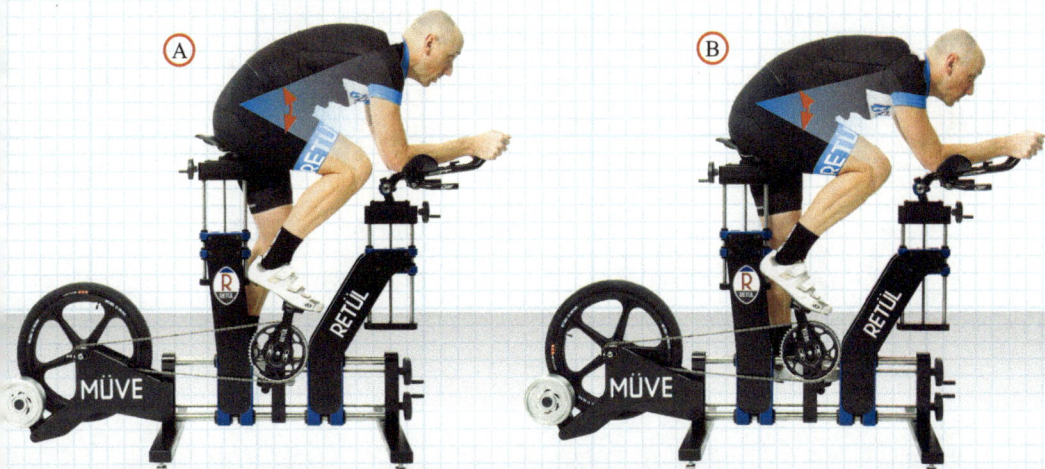

压迫时会降低血液的流动速度。这两方面通常会导致皮肤损伤的风险大增，引起感染和炎症，包括可能引起皮肤的擦伤、变红和感染，皮肤底层组织发炎，从而形成坚硬的面条形状的疤痕组织。不断肿胀的组织会成为一个慢性问题，导致脓肿风险大增，尤其是女性更为严重。

持续压迫会伤害更深层次的结构，但事先并不一定要损坏表层皮肤。需要关注的主要部位是神经、血管、尿管和腺体。男性和女性的身体结构差异本身就说明了伤害的源头和原因。男性车手由于车座中间的压迫，可能遭受阴茎麻木或疼痛以及勃起功能障碍等问题。女性车手会受车座外侧的压迫影响，引起尿路损伤（通常表现为排尿有烧灼感）、生殖器麻木或阴唇肿胀。

发病诱因

我发现用 AEIOU 这 5 个元音字母可以轻松地记住发病诱因。

活动相关因素

- 训练增加：身体组织需要时间来适应骑行带来的持续压力。
- 场地车骑行：在更加激进的骑行姿势中，骨盆会向前旋转，同时场地极大的倾斜度大大增加了来自车座的压力。英国自行车协会的一项研究表明，骑行在曼彻斯特自行车馆弯道上时的车座压力是体重的 2.5 倍。
- 潮湿的道路：导致车座与臀部之间的摩擦增加。
- 肮脏的道路：会增大感染的风险。
- 湿度和出汗：非常容易出现感染的情况。

装备相关因素

- 车座倾斜度：你的车座应该保持水平或鼻端略微朝下，千万不要让车座鼻端朝上。用一个简单的水平仪就能检测出车座是否水平。但是对于车座前端和后端形状不同的车座，用水平仪就很难测了，所以可以通过观

髋部问题

问题	原因	解决方案
髋部——疼痛或血管问题	髋关节角度太小——躯干或后背角度太低	调整前伸量和落差以放松后背——同时增大髋关节角度
	曲柄长度太长	缩短曲柄长度以增大髋关节打开的角度
	锁片位置过于靠前	锁片位置过于靠前会在上提过程中让髋关节角度变得更小，所以要进行相应的调整
	两腿长度差异	降低较长腿那一侧的车座高度——闭合髋关节
	车座太低	升高车座以打开髋关节
	车座位置过于靠后	车座前移以打开髋关节

曼彻斯特自行车馆

骨盆与车座的相互关系

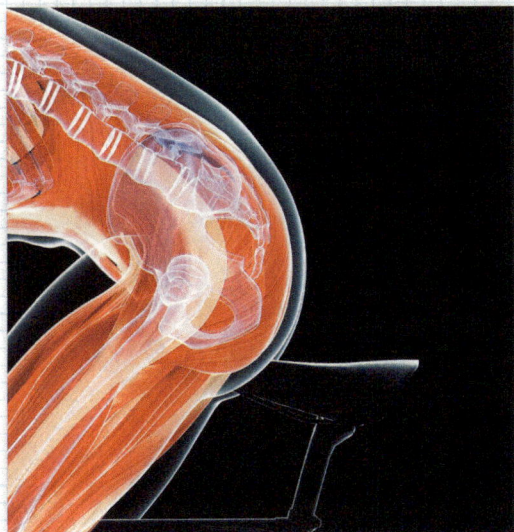

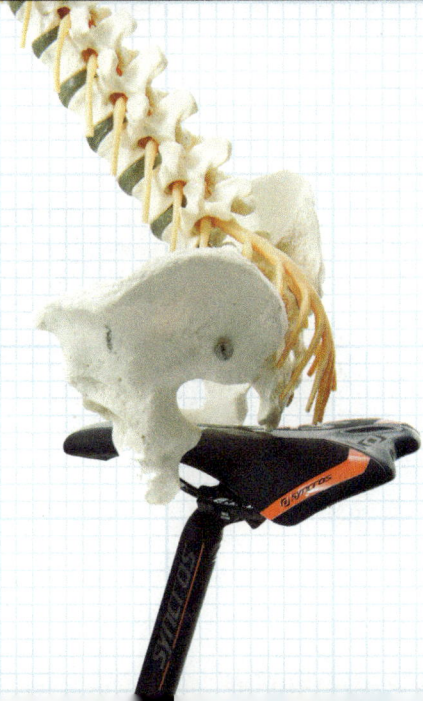

察整体水平情况来确定。

• 车座扭曲或弯曲：这种情况比你想的更常见——车座单边损坏以及座弓的损坏或弯曲会导致压力分布发生改变，所以要定期检查车座状况。

• 车座设计：垫料的形状、数量和类型。凝胶垫料比泡沫垫料要好。中空型车座：中空的车座对男性有好处，但是对女性有害处，因为增加的侧面压力会损伤外阴唇。

• 骑行裤：裆部的内部麂皮片质量不佳或垫料质量不佳。

• 减少摩擦的霜剂：润肤剂比普通的凡士林要好。

身体特性因素

双腿长度差异：这往往导致髋部单侧疼痛。为了让较短的腿能够踩到脚踏，骨盆不得不出现位移。

其他因素或未知因素

其他因素也会引起车座相关的伤害，包括个人特殊的风格、摔车产生的各种冲击力量等。

治疗方法

我在上文已经列出了你需要做的长期改变。在擦伤处涂抹抗炎和抗菌药膏以暂时缓解症状，如果是脓肿就需要就医处理了，还需使用一个疗程的抗生素。会阴部结节（即会阴部皮下组织或皮肤的硬块）也可以用抗炎药膏治疗。你可以通过休息、冰敷和非甾体抗炎药（比如布洛芬）来缓解慢性肿胀与组织变化症状。

腰痛

腰痛是骑车人当中很常见的一个问题。腰痛很少会严重到让人完全无法骑行，但不管是

中空型车座

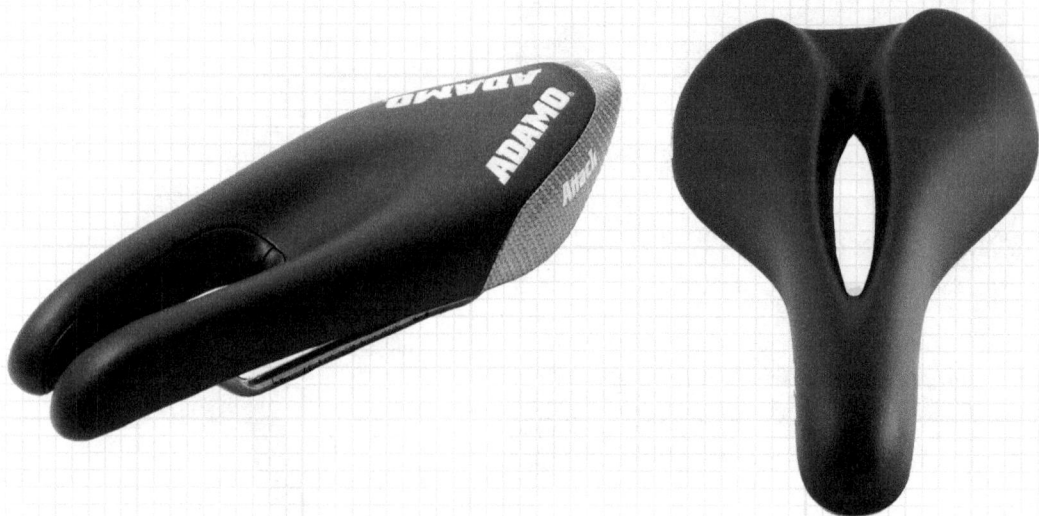

腰部问题

问题	原因	解决方案
腰痛	躯干或背部角度太低——前伸量太大	减少前伸量——缩短把立，如果不影响膝盖可以将车座向前移
	躯干或背部角度太低——落差太大	升高车把；如果膝盖角度允许，可以降低车座
	上述两个原因都有	缩短把立并升高车把；如果膝盖活动情况允许，则可以降低车座以及将车座向前移
	双腿长度不同	以较长腿为准调整最佳车座高度，同时使用垫片纠正较短的那条腿
	车座选择不当	如果车座会阻碍骨盆旋转，将迫使腰部更加屈曲——应该选用不同形状的车座
	车座倾斜角度不对	车座鼻端朝上会迫使骨盆向后移，增加了腰部的屈曲度和压力

职业竞赛还是休闲骑行，腰痛都是人们身体出现功能损伤和寻求医疗帮助的最常见原因。

当然，我们应该注意很多人的腰痛问题并不是由骑行引起的，骑车既可能缓解疼痛，也可能会让问题更严重。自行车骑行是一个锻炼心血管的好方法，这是因为骑行具有冲击力低的特性。如果能够确认、治疗或避免骑行引起的腰痛，那么骑行实际上是患有慢性腰痛的人最好的锻炼方法之一。腰痛可能与活动相关，也可能与装备有关。

活动相关因素

活动相关的因素包括骑行距离、负荷或强度的突然增加，比如第一次进行长距离爬坡。如果你怀疑这些因素是问题的根源，那么可以考虑先减少训练量，然后再慢慢地增加。如果有足够的时间，身体将会适应逐渐增加的压力。

装备相关因素

装备相关的因素包括车座高度、车座角度、落差和前伸量。如果车座太高，车手为了能踩到脚踏就不得不左右摇摆臀部。这种情况引起的腰痛通常还伴随着双边的臀部疼痛。

车座角度会影响躯干的角度，而且人们已经证明车座角度对于缓解腰痛具有极大的效果。在一项针对 80 名俱乐部车手的调查研究中，车座鼻端下降了 10~15 度，经过 6 个月的骑行后腰痛问题减少了 72%。UCI 针对车座角度的规则有所改变，但截至本书写作时，也只允许车座鼻端下降 1.5 度。但是不管怎样，并不是所有患有腰痛的人都会去参加 UCI 赛事。

如果前伸量太大，则车手的身体会被迫从腰部开始更加地向前弯曲，形成很小的躯干角度。如果骑行姿势持续过度弯曲，则随着时间的推移会引起腰部疼痛。腘绳肌腱紧绷的人更

负荷与时间

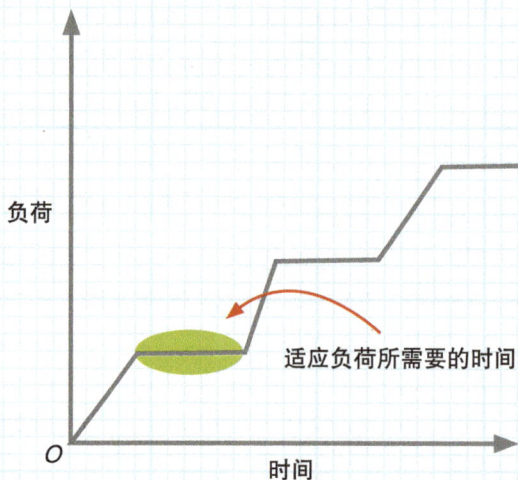

水平部分代表训练负荷量没有增加的时间段，此时用于培养适应力。

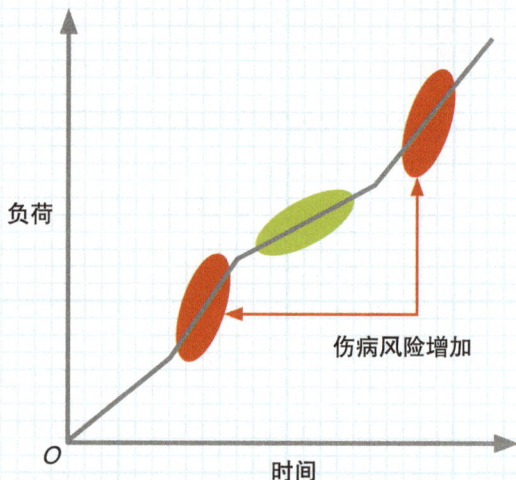

在箭头所指的位置上，训练负荷量增加得太快太突然，身体没有足够的时间去适应。

容易患上这种腰痛，因为腘绳肌腱会将骨盆往后拉，迫使车手为了能够握到车把而更加弯曲腰部。

从 BIKE FIT 角度来说，落差过度或前伸量过度可以从躯干角度看出来。躯干角度指的是髋部／骨盆水平面与躯干线所形成的角度。公路车爱好者的躯干角度在 45 ~ 50 度，职业车手能达到 35 度，而良好的计时赛骑行姿势的躯干角度会低至 20 度。

要记住，落差和前伸量取决于车座的高度和角度、上管的长度、把立长度和前叉上管的高度。

解决落差过大问题的最简单方法就是通过抬升车把来放松 BIKE FIT 的前端，这当然同时也会缩短前伸量（因为头管是向后倾斜的）。可以通过改变把立长度或车座前后位置来调整过大的前伸量。调整车座前后位置时要特别小心，因为它牵涉整个 BIKE FIT 后端的设定。除非确认是车座过度靠后，否则建议先通过缩短把立长度来解决前伸量过大问题。但是一般来说，长度小于 90 毫米的把立会影响车子的操控性，所以如果你感觉只有将把立设定成这么长才合适，那很明显这个车架的尺寸并不适合你。

激进的骑行姿势是车手们腰痛的一个常见原因，这种姿势通常被认为更符合空气动力学，有着很大的落差和前伸量。根据我的经验，一个人需要有足够的时间才能适应这种姿势。首先要从感觉舒适的可持续骑行姿势开始，然后慢慢向自己的目标调整，让身体有时间逐步适应。通常而言，如果将此与柔韧性锻炼相结合会有更好的结果。

背部角度

A：一个平衡的姿势，脊柱均衡地弯曲，身体重量分布适当。

B：落差和前伸量过大，而且车手紧绷的腘绳肌腱阻碍了骨盆的活动，所以引起腰椎屈曲过度。

C：你可能太放松了。过高的车前端迫使车手坐了起来，使背部需要承受太多的重量。

屈曲过度

平衡　　　　太激进　　　　太放松

这里有一个看待并理解疼痛和功能障碍问题的好方法。生命是有限的，我们都会变老，身体机能总是在一点点衰退。比较两个具有相同腰部退化情况的人。一个有疼痛感，而另一个没有。为什么？他们有相同的病状吗？事实证明，疼痛与功能障碍之间并没有必然的联系。唯一的解释是，身体只有在无法应对或跟上退化速度的时候才会出现疼痛，也就是说退化发生得太快了。

一方面，摔车导致的锁骨骨折是一种对身体的创伤性冲击，会带来很多痛苦；另一方面，逐步衰退的腰椎部分（腰椎间盘或骨骼）也许只是需要时间来适应一个持续弯曲的姿势，包括韧带延长、神经更顺畅以及疤痕组织的修复。

我们现在最成功的一名公路车手，曾经在几年前来找过我，当时他只是英国自行车学院的一名车手。他当时总是在长距离爬坡时感到腰痛。他想知道有什么方法能够改善身体运转状况。我跟他说，我们确实能够帮助你，但我们在帮助你提高爬坡能力时，可能需要牺牲你的冲刺能力。他看了我一眼说："那我还是继续忍受痛苦吧！"就像博尔特不适合跑马拉松一样，这名车手的特长在于速度和力量，所以无法轻松地完成长距离爬坡。

身体特性因素

身体特性因素指的是那些与身体相关的因素，包括双腿长度不同、柔韧性差、车座引起的伤害以及以前的腰椎损伤等。

如果柔韧性差再加上自行车设定不当，腰部通常就会出问题。正如前文讨论前伸量时说的那样，为了适应新设定的骑行姿势，背部肌肉应该具有足够的灵活性。如果灵活性不足，就应该采用更加放松的骑行姿势，通常是抬高车前端，直到肌肉能够适应为止。你可以逐步地采用比之前稍低的姿势，随着日积月累，最终将会实现自己的目标。但是需要进行一些骑行以外的锻炼才能达到最佳柔韧性水平。车座引起的伤害也可能会引起腰痛，因为车手为了减轻髋部疼痛区域的压力会改变腰部的正常姿势。通常腰部疼痛会集中于某一边。

双腿长度差异

注意A图中的右腿比B图中的左腿伸展得更直，右腿比左腿短。有些人为了弥补双腿长度的差异，在处于踩踏循环的下死点时，会让较短腿的脚趾朝下，同时较长腿的脚后跟往下沉。

双腿长度差异

人体并不是对称的。不对称是常态，所以当我们使用自行车等完全对称且固定的装备时，人体的不对称性可能会成为问题的根源。

不管是源于结构上的差异（骨骼长度确实较长），还是源于功能上的差异（骨盆和周围软组织的扭曲使某一条腿看起来更短），身体都必须弥补下肢长度的差异，因为两边到脚踏的距离都是一样的。严重的双腿长度差异（3毫米以上）必须在骑行中有所考虑。许多人都没有意识到这一点。

那怎么才能知道自己双腿长度是否相同呢？识别结构性双腿长度差异的最好方法，就是给整个下半身照一张大的X光照片。放射科医生可以测量骨骼的长度。但是这种方法有它的缺陷，准确性只有75% ~ 85%。这种方法当然无法测量在运动中因身体扭曲引起的功能性双腿长度差异。

确切的诊断需要有多层的信息。每个相关的症状或迹象，都会增加某人的双腿长度存在较大差异的可能性。

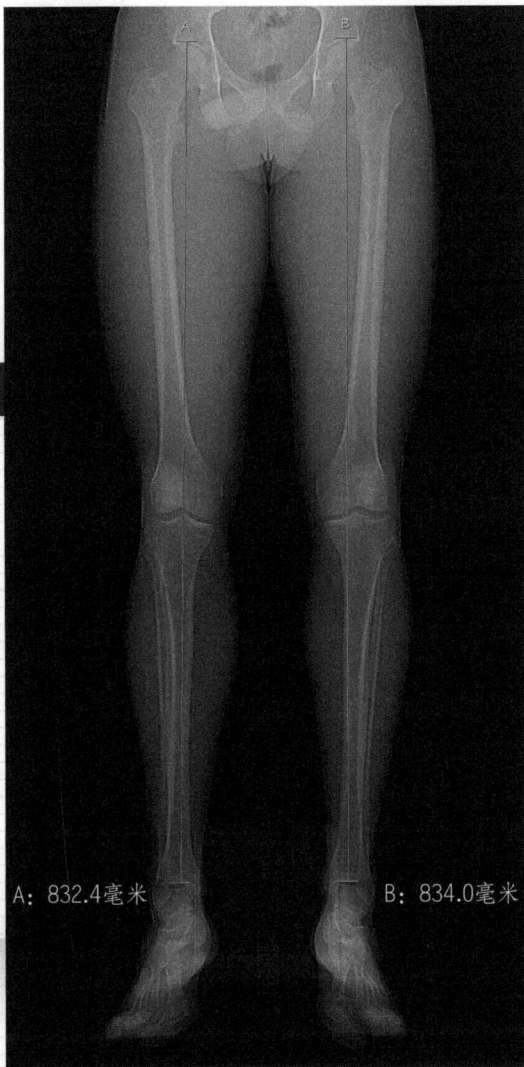

扫描术

A：832.4毫米　　　　　　B：834.0毫米

双腿长度差异

在X光片上点对点的测量表明这个人的右腿较短。我们通常也会要求测量股骨和胫骨，因为要借此了解如何在自行车上实施纠正措施。

问题线索

单侧臀部疼痛：持续的单侧臀部疼痛表明这个车手主要坐在车座的某一侧，他这么做的一个原因是为了让较短的腿能够踩到脚踏。

两个膝盖的运动轨迹不同：某一边的膝盖轨迹更像一个椭圆也更靠外侧，另一边膝盖活动起来更像是活塞（直上直下运动）。一名车手很可能会不知不觉地以较短的腿为标准来设定车座高度，从而使较短的腿能以最直接的路径踩到脚踏，同时另一条腿只能按照椭圆形的轨迹运动。

单侧的背痛：为了弥补严重的双腿长度差异，骨盆必须在 3 个平面上进行扭曲或旋转，通常会导致脊柱的底部（即骶骨）出现偏移并承担压力。腰椎位于骶骨的上方，就像任何结构一样，如果基础不稳固，上面就会出问题。

小腿疲劳或紧张：较短的那条腿通常会采用以踝关节为主要旋转点的踩踏风格，在下死点时脚尖更加朝下，在上死点时脚后跟更加下沉。这同样是为了让较短的腿能够踩到脚踏。

单侧膝盖疼痛：如果不能用其他方式来解释病因，那么可能是因为有一个膝盖无法应对双腿长度差异引起的身体适应性变化。例如，骨盆向前或向后的适应性旋转会严重改变膝盖与脚的相对位置关系。

有一名英国场地车奥运冠军在刚参加自行车运动时，总是反复地拉伤左小腿。我们在检查后发现她的左腿比右腿明显要短得多。在锁片下安装了一个 6 毫米垫片后，就没有再出现拉伤左小腿的问题了。

双腿长度差异导致骨盆左右摇摆

如果车座太高，你经常会发现骨盆在左右摇摆。如果有人双腿长度不同，而且车座高度对于较短的那条腿而言太高了，那他只会向一侧摇摆。

骨盆左右摇摆　　　骨盆保持水平

肩膀

车手们最常见的肩膀问题就是摔车导致的锁骨骨折。和其他身体部位相比，与 BIKE FIT 相关的肩膀问题通常不那么严重，但仍然会有一些关联。

如果双手需要承受太多重量，那么车手的手可能会感到麻木，但这也可能与肩膀或肩胛骨的疼痛有关。如果身体重量向前移，会迫使手肘伸直或锁死，从而将本应该由手臂承担的控制和衰减任务完全转移到肩膀上。在长距离骑行中，就可能会在肩胛骨之间的区域以及肩膀后面逐渐出现疼痛感。所以要看看自己是否出现以下症状组合：手掌麻木、手肘伸直锁死和长时间骑行引起的肩胛骨疼痛。如果有这些症状，表明你把过多的体重施加在了车把上。因此，可以通过升高车前端来解决这一问题。

颈部

颈部和上背部在骑行中有着至关重要的作用：没有它们我们就无法伸头向前看路。如果你需要非常努力地伸长颈部才能向前看，那就会有问题。车把落差过大是颈部疼痛的最常见原因，由于躯干角度太低，所以只能努力往上伸展颈部。

车手的颈部肌肉组织需要具备一定的耐力——需要让头部在同一个位置上保持好几个小时。如果骑行时间突然比平时增加了几个小时，车手就会有颈部疼痛问题，因为颈部肌肉需要应对新增加的压力。实际上，在横穿美国自行车赛中需要骑行超长距离的车手会遭受严重的颈部疼痛问题。人们甚至设计出了颈托装置，以减轻超长距离骑行中颈部肌肉所承受的压力。车手一般都是因为腿、心脏或肺无法继续支持而停止比赛，但在长距离骑行时却首先

肩膀疼痛

注意图中车手肩膀的前伸姿势以及锁定的手肘和手腕，导致肩膀需要承担所有的力量和负荷。

锁定的肘关节

是因为颈部问题而被迫退赛。

肱三头肌

肱三头肌就像大多数上半身肌肉组织一样，起到衰减器的作用，即吸收长时间维持某一姿势带来的压力以及来自路面的震动和冲击。大多数人会发现，随着骑行时间变得越来越长，会出现一些与肱三头肌疲劳相关的疼痛。如果疼痛一直持续，那就要重新检查骑行姿势中手臂所承受的压力。

手和手指

有些伤病仅限于精英车手，而另一些伤病则仅限于骑行爱好者。我还没听说过有哪个在曼彻斯特自行车馆与我们国家队一起训练的车手有手掌麻木或刺痛的问题，但是我见过有些骑行爱好者遭遇了严重的手掌神经损伤。

最常受伤的是尺神经，其次是正中神经。这些神经分布于很接近手腕和手掌表面的区域。这意味着如果它们受到持续的压力，就会引起神经压迫受损，比如在长距离骑行中将手掌放在车把或手变头上。神经为手掌和手指肌肉提供知觉和控制力量，神经受到压迫则会改变或阻碍传送过程，导致麻木、刺痛症状，甚至是肌肉麻痹。

车把位置太低引起颈部疼痛

眼睛必须看着前方的路面，因此颈部必须前伸以抬起头部。如果落差和前伸量太大，颈部就必须更加努力前伸才行。这在长距离骑行中会引起疼痛和不适。

颈部疼痛

颈托

颈托

在横穿美国自行车赛中，车手们遭遇了可怕的颈部疼痛和疲劳问题。为了能安全骑完3000千米，人们发明了各种能缓解疼痛和承托头部重量的创新装置。

手掌的压迫区域

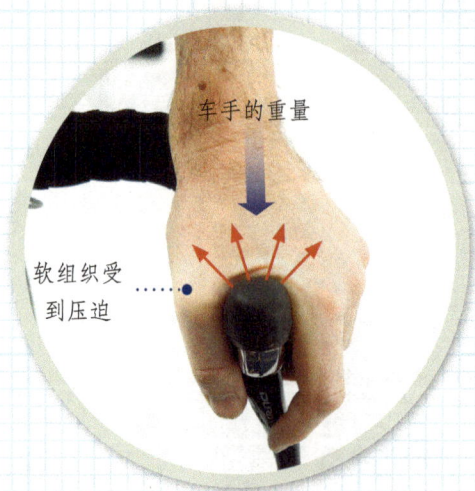

车手的重量

软组织受到压迫

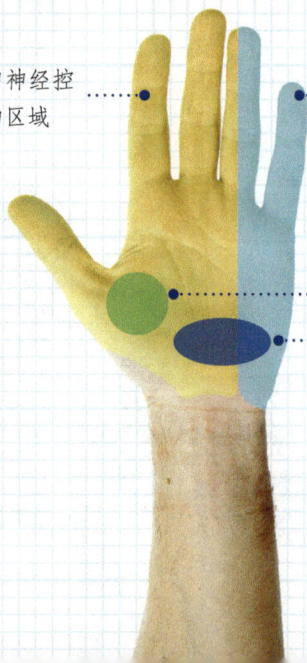

正中神经控制的区域

尺神经控制的区域

压迫会引起神经损伤的区域

这些症状最常见的位置是小指或无名指，因为这些区域是由尺神经控制的。如果拇指和食指出现症状则表明正中神经受到了压迫。

从严格意义来说，来自路面的震动就足以引发这些症状。如果采取使用把胶、双份把带以及有凝胶填充的手套之类的干预措施，就可以很好地缓解这个问题。

如果上肢和手掌需要承担太多的重量，那问题的根源就在于你的姿势。抬升车把和缩短前伸量，有助于减少双手的负荷。检查车座并确保车座鼻端不是朝下的。如果车座鼻端朝下，车手会倾向于从骨盆开始向前倾倒，从而增加手臂承担的压力，因为上肢会通过锁定肘关节以对抗身体向前倾倒的力量。

上肢疼痛

问题	原因	解决方案
肩膀、手肘和手过度劳累或疼痛	前伸量太大	减少前伸量以放松伸直的手肘和前伸的肩膀
	落差太大	通过抬升车把来减少手、手肘和肩膀承受的压力
	车座向下倾斜	保持车座水平，以减少骨盆向前倾倒的力量和双手承受的重量
手和前臂疼痛	车把太宽或太窄	调整车把宽度，使其与肩膀同宽
	手变头过度向前旋转	将车把往回旋转
	车把的直径太小	缠绕两条把带不仅可以减少震动，也可以让双手在握把时张得更开

06

自行车运动
的专业领域

自行车运动的专业领域

你读这本书可能是因为你要参加铁人三项赛，或是正在为一场骑游赛而训练，这是两种非常不同的骑行运动，需要考虑的事项也差异甚大。针对不同类型的自行车运动，BIKE FIT 的规则也略有不同。在这一章中，我们将研究其中的不同点以及产生差异的原因。

空气动力学

马特·帕克是英国自行车协会边际效益项目的负责人，也是秘密松鼠俱乐部的核心智囊。我对空气动力学的认识就源自于与马特·帕克和克里斯·博德曼一起合作的经历。我的工作是在车手们完成风洞姿势训练后进行评估：挖掘潜在的新姿势，并评估这个姿势是否可行，或是评估应该如何做才能达到这种姿势。车手们需要经过不断地训练和改善，才能获得良好的团体竞速赛或计时赛空气动力学姿势（简称气动姿势）。这种训练和改善包括为了适应这个姿势而忍受痛苦，以及为了维持这一姿势而进行拉伸训练和力量训练。

为什么空气动力学会如此重要？因为除了陡峭的爬坡外，车手 80% 的能量都是用于冲破前方的空气。这就是车手们痴迷于空气动力学姿势的原因。如果你能够减少空气阻力和节省用于破风的能量，那么在相同的力量输出下，你就可以骑得更远更快。但是车手们在寻求空气动力学效益时，常常找错了方向。

如果我们仔细分析空气阻力的组成，会发现自行车只占了其中的 20%，而车手的身体则占到了 80%。自行车的气动性固然重要，但是从车手的外形和姿势上可以获得巨大的空气动力学效益。自行车气动性的重要性被夸大了，因为这是自行车制造商的利益所在——他们想要你买空气动力学装备。

什么是空气动力学？我讨厌数学方程，但如果你想在空气动力学姿势上投入时间、精力甚至是金钱，那么就要好好理解下面这个方程：

$$D = \frac{1}{2} p C_d A v^2$$

D 为空气阻力总和；

p 为空气密度；

C_d 为阻力系数；

A 为正面迎风面积；

v 为速度。

你对抗空气阻力所需的力量与以下因素有关：空气密度（p，海拔越高，空气越稀薄）、正面迎风面积（A，正如教练们常说的，你的身体是像一块砖头还是像一个刀片）、你的阻力系数（C_d，身体周围的空气流动情况，取决于你的外形和服装）、速度。为了获得更多空气动力学效益，车手的姿势调整专注于减少正面迎风面积和优化空气流动情况（可用阻力系数来衡量）。

车手的阻力是由多种因素形成的：空气在车手的脑后形成了扰流，不如之前流过光滑头盔表面时那样快了。这就创造了一个压力差，因此形成了阻力，因为流动较慢的空气会将车手往后拉。这与飞机飞行的文丘里效应具有相同的原理，只不过飞机利用同样的力量创造了向上的升力，而不是向后拉的阻力。但是与机翼不同的是，车手和车子的形状是非常复杂的，而且尺寸大小也各不相同。我想这就是研究人员难以在正面迎风面积和阻力之间建立线性关系的原因：人的体形是如此的不同，而计算流体动力学又是如此的复杂，所以适用于某一名车手的空气动力学调整方案可能并不适合另一名车手。

在英国自行车协会中，我们在空气动力学项目上投入巨大。克里斯·博德曼负责我们的秘密松鼠团队，研究在风洞中改变姿势和装备（头盔、骑行服和自行车）所带来的影响。

风洞的奇妙之处在于能够提供非常准确可信的数据。如果你以奥运金牌为目标，而且需要考虑上文那样复杂的方程，那你就需要注重准确性和整体性。风洞测试的成本极其高昂：租一天风洞的费用约 100000 元。

但是正如克里斯·博德曼所说："你实际上不用花任何钱就能获得大部分的空气动力学效益。"他和彼得·基恩（克里斯当时的主教练，后来成为英国自行车协会的运动绩效主管）曾经在骑行台前面放一面全身镜，然后借此来完成空气动力学姿势改进。他们尝试了各种姿势和体形，而且不受位置的限制。幸运的

是，他们通过这种方式得出的大部分结论，都在昂贵的风洞测试中得到了确认。

让我们来看看普通车手如何在没有风洞的情况下获得空气动力学效益。

空气动力学姿势变化和测试方法

虽然我们这里关注的是姿势的变化，但是要注意衣服和头盔也非常重要。假设有两名车手，第一名车手具备非常符合空气动力学的姿势，但是身穿松垮的 T 恤和短裤；而第二名车手的姿势不那么符合空气动力学，但是身穿质量上乘的贴身骑行服和头盔。实际上第二名车手会骑得更快，因为衣服材料与周围气流的相互作用对空气阻力的影响很大。我之所以提到头盔是因为它有助于消除头部后面的扰流，这个扰流是阻力的重要构成因素。

通过在全身镜前调整姿势，确实可以减小正面迎风面积。如果你是从零开始，那么一般通过让肩膀变得更圆、手肘内收并压低身体，

空气动力学

流经车手身体的气流
注意头部后方的扰流。

为了消除车手头部后方的扰流，许多车队的工作人员在车手头部后方安装一个无线电设备或衬垫，从而将头盔和背部结合成一个流线型的整体。有些人甚至曾经在骑行服下面藏一个驼峰帆布背包，但是这种行为已经被 UCI 禁止了。

使姿势整体上更符合空气动力学所需具备的3个条件：

1. 圆形的肩膀；
2. 肘部内收（除非你的身高超过 1.83 米）；
3. 身体前端尽量压低。

就可以获得最大的收益。我之所以说"一般"，是因为对有些人来说，如果压低程度超过一定水平，他们的头部就会被迫用力抬起。压低身体的目的就是为了让头部藏在水平躯干的前面，让车手的整体轮廓更小。所以如果头部不得不用力抬起，那就达不到预期的效果。这通常是因为车手的胸椎和肩膀（背阔肌长度）柔韧性不足。肘部内收对于身材较矮的车手最有效，可以让空气顺畅地流过身体周围。而身材高大的车手有时候会得益于在铁三车把上使用相距更宽的肘垫，因为这样可以让空气从胸部流过，而不是从身体周边流过。

如果要在家完成姿势设定，你需要有大量

长度不同的把立和前叉上管，或者是有一个 Look Ergo 之类的可调节把立。这样就能轻便快捷地设定车前端，同样对于快速改变姿势和感受其中的区别具有重要的作用。你不应该低估感觉的作用。尽管它可能不够科学或客观，但人本身就是一种复杂的测量机器：你的身体反馈所包含的数据比任何计算机都要多，这些数据在评估新姿势的作用时也非常重要。克里斯对此有个很好的说法："自行车运动以 3 个 P 为基础：功率（Power）、心跳（Pulse）和感觉（Perception）。"在尝试一种新姿势时，他总是先要考虑自己是否能够按照这种姿势进行长时间可持续的骑行和训练。"可持续性"

空气阻力

是另一个关键词。空气动力学姿势通常让人感到不是很舒服，所以我们一般将舒适性的问题改为：这个姿势是可持续的吗？如果一种姿势非常不舒服，以至于每 20 秒就得变化一下，那它就是不可持续的姿势，应该进行适当的调整。

如果你的主要目标是身体压低、肘部内收和肩膀变圆，那么一对合适的空气动力学车把至关重要。不要花太多钱，买一对调节功能较好的车把。这样你就可以先尝试了解什么才是最有用的，以后再去关心外观或重量。

为了缩小身体轮廓，许多人倾向于手臂外张或拉长身体，这看起来似乎更符合空气动力学，但实际上并没有减小正面迎风面积，而且和 90 度的手肘角度相比，这种姿势的舒适性和效率更低。在计时赛中，手肘角度为 90 度的姿势是一个能够有效支撑上半身重量的姿势。

拍照测试

从最简单的开始：利用照相机来计算正面迎风面积。如果你每次都能将三脚架和相机放在完全相同的位置上，接着在骑行台上尝试不同的姿势，然后再从正前方拍出照片，最后根据这些照片，大多数编辑软件都可以计算整体的正面迎风面积，虽然只是计算出你的轮廓里有多少像素。

向下滑行测试

找一座小山，山路下坡末段要有上坡部分。然后从山上滑行而下，不要踩踏，看看按照自己的姿势能够冲上多高。这种测试方法的一个明显干扰因素是天气变化，它会影响测试的有效性和可重复性。

计算阻力测试

现在有几个网站能够帮助你计算阻力系数，前提是你记录下了以下变量：速度、功率、空气压力、体重和滚动阻力。为了测试的准确性，要控制好温度和风速。如果你有功率计，则可以带着功率计骑行数圈环形赛道，然后借助 Golden Cheetah 软件的 Aerolab 功能可以较准确地比较不同的姿势。

计算正面迎风面积

42平方厘米

68平方厘米

正面轮廓

通过拍一张正面照片，你可以轻松地通过现代图片编辑软件计算出正面迎风面积，然后比较不同的姿势。但要记住，这只是最理想状态下的方法。

自行车馆测试

在自行车馆中可以轻松地控制上述的最后两个变量。与骑行台 / 静止自行车上的风洞测试相比，自行车馆场地测试会更加符合现实情况。可惜的是，全世界范围内一共就没有多少自行车馆，所以只有少部分人能够选择自行车馆场地测试。

风洞测试

一般人很难有机会进行风洞测试，该测试的最大优点是能够记录和控制很多变量，而且操作非常快速简便。

持续训练改进

我虽然在前文已经说过了，但是这句话用在计时赛姿势上最适当了：你必须不断训练改进。姿势要慢慢地变化。如果你一下子改变 BIKE FIT 的 3 ~ 4 个参数，那么来自身体的负面反应可能会很严重，所以要留出时间让身体不断去适应。要合理且有计划地改变前端姿势，从而实现目标姿势。布拉德利·维金斯拥有非常符合空气动力学的姿势，但这是他经过多年的场地车个人追逐赛训练得来的，在此期间他需要不断提高维持这种姿势的能力。这需要车手付出一定的代价，需要不断的治疗来减轻维持这种姿势所引起的疼痛。

计时赛

有人说计时赛是最纯粹的骑行方式：人和车与时间的对抗。该项目在一定的骑行距离里没有团队配合，没有战术运用，也不存在集团摔车，一切由时间来决定最终结果。

计时赛在过去的 20 ~ 30 年间，经历了一定程度上的革命性变化。简短地回顾这段历史，有助于我们理解计时赛目前所处的发展阶段。有谁会忘记 1989 年环法在香榭丽舍大道上进行的终极计时赛大战？当时格雷格·雷蒙德凭借这一赛段的惊艳表现从劳伦特·菲尼翁的手上抢走了环法冠军的桂冠。雷蒙德选择

风洞测试

英国自行车协会的研发部门在风洞测试上投入了很多资金。租用风洞的费用非常惊人。我以前经常会奇怪，既然英国有这么多的航空航天风洞，为什么租用的费用还是这么高？我们曾经准备使用曼彻斯特附近的一个风洞，然后才明白了其中的原委——把人直接放在普通的风洞里测试，人是会被冻死的！标准航天工业风洞的设计用途是为了测试装备，而不是测试人，所以没有必要制造温暖的空气。而那些能够制造温暖空气的风洞数量很少，同时需求量又很大，所以租用的费用就更高了。

计时赛的BIKE FIT窗口

髋关节角度
35～45度

肘部角度
90～100度

膝盖伸展角度
37～42度

踝关节角度差范围
15～30度

菲尼翁使用气动性不佳的"牛角"车把

使用新型的铁三车把，形成了一个全新的伸展姿势，而菲尼翁则使用了"牛角"车把，他的手臂和肩膀的姿势就像冲刺车手那样宽。是不是因为采用了计时赛姿势才让雷蒙德追回了达55秒的时间差距？我不知道。但是不久之后，梅塞尔·欧伯利和博德曼每次总是能打破一小时骑行纪录，他们当时使用的是改良后的自行车以及极端的骑行姿势。

UCI 立法禁止了这些层出不穷的创新，一个监管越来越繁杂的时代到来了。这就像是一场猫捉老鼠的游戏，车队和制造商不断发明出新的骑行姿势和装备，然后又被 UCI 所禁止。随着事态平息下来，人们更加清楚地知道了什么才是监管部门所允许或是所禁止的。在追求空气动力学效益的过程中，花费最多的是自行车。许多人认为自行车外观剩余的空气动力学效益已经很有限了。因为自行车只占全部正面迎风面积的 9%，所以如果从收益递减规律角度看，即使自行车外观有很大的变化，它所产生的效果也会少于 91%（即车手）迎风面积的小变化所带来的效果。近年来人们非常关注车手们的穿着，这是很正确的方向。骑行姿势的重要性正在慢慢提高，因为其他途径已经没有多少潜在的效益可挖掘了，或者是直接被禁止了，如 2008 年北京奥运会之后出现的塑料骑行服。

计时赛 BIKE FIT

计时赛 BIKE FIT 是一项平衡的艺术，既要展开髋关节角度以优化力量输出，又要在允许呼吸的前提下保持一个符合空气动力学的姿势（即更加水平的背部）。

你应该记住以下 4 点：

1. 最快的姿势就是最好的姿势；

2. 最快的计时赛姿势要符合车手独特的生物力学特性；

3. 最快的计时赛姿势必须有足够的可持续性，姿势能够维持的时间应该超过赛事的时长；

4. 如果可持续性和空气动力学相冲突，那就优先选择可持续性。

最后一点是最重要的。

增加的车座高度以及减少的车座后移量会使骨盆向前旋转，让车手的身体处于五通和脚踏的正上方，这是一个更有利于产生力量的姿势。

因此，膝盖与脚的位置关系准则也发生了改变，KOPS 法就不再适用了。车前端（落差和前伸量）变得更长且更低了，车手可以通过肘部支撑体重并采用一个更加符合空气动力学的姿势。这能够减小躯干或后背的角度。对大多数人来说，如果能采用一个比公路车姿势的前端更低且可持续的骑行姿势，就说明已经获得了计时赛的首要效益——可以以后再去考虑风阻等事项。

所以现在我们拥有了更大的力量和更符合空气动力学的姿势。可惜的是，它其实并不是这么简单。

需要注意的一些问题

由于姿势前端更低，所以在上死点时髋关节角度会更小，而且胸部和隔膜可能会受到压迫，导致呼吸不畅。姿势的可持续性之所以重要，并不只是为了维持姿势和舒适性，而且还是为了保持长期的健康。如果髋关节角度太小，会给那些容易患髂动脉扭结的车手带来严重的健康问题。在改进计时赛姿势过程中，如果采用了更加小的髋关节角度，就要注意髂动脉扭结的迹象或症状，一旦出现问题就要采取适当的应对措施。作为一种防范措施，我建议髋关节角度不应低于 45 度。

对有些人来说，由于骑行姿势和生物力学的局限性，在追求低姿势的过程中可能会出现呼吸不畅问题。由于姿势的紧凑性，要么是胸腔无法充分扩张，要么是隔膜无法下沉到腹部。

我发现如果能正确地支持上身，就可以避免类似的许多问题。在计时赛中，完全是通过

安全和不安全的髋关节角度

髋关节角度由大腿（股骨）所在的直线与躯干（背部）所在的直线构成。注意右边图中的髋关节角度很小，要比安全的45度小很多。

压迫呼吸

由于姿势前端较低，所以髋关节角度很小，注意看图中车手的大腿碰到了胸部。

安全　　　　不安全

肘部和前臂来支撑身体。在计时赛 BIKE FIT 中，将肘部角度设定成 90 度是一个关键目标——这能让上半身保持放松并尽量减少能量消耗。我有时候会这么看：即使无须花费 50% 的上肢力量来维持稳定的姿势，在全力以赴的计时赛中想要有效呼吸就已经足够困难了，更何况是肘部角度不当的情况。

你应该花些时间仔细安排肘垫下面的高度、选择支撑肘部与前臂的合适肘垫和正确的肘垫相距宽度，而且还要选择正确的伸展把。

接触点

计时赛中接触点（尤其是车座和车把）的支持性应该越高越好，从而让姿势更有持续性。

车座

由于计时赛中骨盆向前旋转的特性，此时的车座选择甚至更为关键，因为骨盆前旋会让车手的裆部承受更集中的压力。

在场地车追逐赛中，这个问题甚至会更加

严重，因为赛车场弯道的边坡会增大裆部承受的压力。难怪长时间的场地车训练总是会给车手们带来臀部疼痛问题。

媒体和观众们看到车手们在计时赛中不断地在车座上前后移动，常常会争论这是否是因为姿势不佳或是车座选择不当。这两个原因都有可能正确。但有时候车手们前移只是为了要优化骑行姿势（有效减少车座后移量），而前移的姿势又会很不舒服，所以需要通过后移来重新分配裆部承受的压力。

合适的车座首先应该能让骨盆向前旋转。有些人在普通车座上就能使骨盆前旋，但其他人则难以克服车座形状的阻碍，因此人们发明了许多新型的解剖学车座。这些车座广受女性车手的青睐，因为女性通常更容易遭遇车座问题。但是我到目前为止还没有找到一个理由能够解释为什么有些车座适合这一群人却又不适合另一群人。我的建议是尝试使用不同型号的

计时赛中骨盆向前旋转

A图中的车手被迫弯曲腰椎和胸椎，他的骨盆严重向后旋转。B图中的车手通过向前旋转骨盆，从而使脊柱均衡地平整。

计时赛姿势中来自车座的压力

这张图片说明了计时赛车手只使用极小部分的车座面积，车座的压力非常集中。

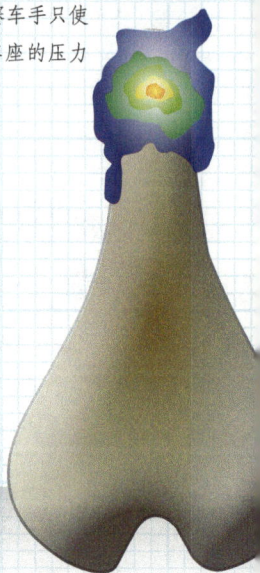

车座，然后看看哪一款最适合你——有些人非常适合使用中空型车座，另一些人则不适合用中空型车座，而是偏好支撑材料质量上乘的车座。如果你是在车店里选购车座，要记得让骨盆向前旋转移动到车座的鼻端，因为在计时赛中你更有可能是坐在这里。

车把

车把的选择和设定很重要，对于计时赛中支撑上半身的方式有很大的影响，因为计时赛姿势会把更多的体重分布在手臂上，而且骨盆也会向前旋转。

如果前伸量太大，车手则必须使用颈部和背部的肌肉来支撑体重，而不是通过前臂和肘垫来支撑，从而引起疼痛和不适，这种姿势是不可持续的。前伸量太小又会使车手的姿势紧缩，导致胸腔／隔膜扩张困难，进而引起呼吸不畅；还可能引起背部疼痛，因为为了让上半身能够握到车把，背部中间的曲率就会上升。

肘垫

车把上的肘垫应该处于肘部或接近肘部的位置，从而让车手有效地支撑体重。

如果肘垫过于靠前，则为了稳定上半身会增加肌肉的负担，进而导致手臂、肩膀和颈部的疲劳。

肘垫之间的宽度也很关键，但是常常会被忽视。虽然狭窄的手臂姿势很符合空气动力学，但是会严重地增加肩膀和背部肌肉组织的负担。为了维持这样的姿势，需要车手平常进行强度和柔韧性的训练。

在较宽的手臂姿势中，肌肉负荷量会较少，而且可以让车手低下头，使头部与躯干其余部分保持对齐。但是有些车手由于肩胛骨之间的肌肉较为疲弱，所以很难控制这种姿势。通常他们会选用较为狭窄的肘垫间距，从而让头部抬起，减少肩膀中间的肌肉的负担。

车把角度稍微向上倾斜可以减少上半身的负担，因为这能将身体往后推，从而消除要从

计时赛姿势和公路车赛姿势的体重分布差异

更多体重分布在后方

更多体重通过上半身分布

前伸量太长和太短的姿势

　　注意看肘部的角度远超过90度，车把过于靠前了，而且前伸量也太长了。

　　注意车手的膝盖几乎撞到了肘部和车把。

肘垫位置过于靠前

　　在A图中，车手能够在更靠近肘部的位置支撑体重，肌肉所需承受的负担会比B图少。

正确

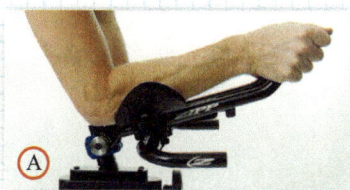

错误

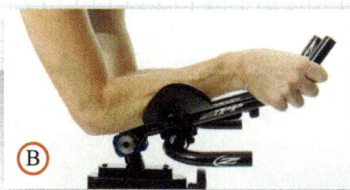

太长

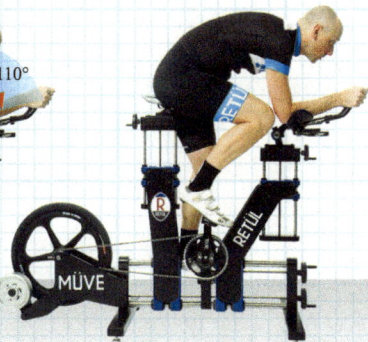

太短

计时赛车把宽度

正常

典型的计时赛车把宽度。

狭窄

这样更符合空气动力学，头部能很好地低下来。但是要注意肩膀和上半身会更加紧张。

较宽

有些车手会发现设定成更宽的计时赛车把能更好地低下头。

车前方掉下去的感觉。但是，UCI 管理的职业车手需要经常查看 UCI 有关角度的规则，因为这些规则总是在不断变化。

位于上肢动力链末端的手和手腕应该保持放松并能轻松地移动。如果手和手腕紧绷，则要检查上肢的其他位置，因为手和手腕紧绷是在弥补肘部、肩部等位置的错误。

一名车手的计时赛姿势反映了他的骑行历史、柔韧性和上身力量：为了保持车座靠前且车前端很低的激进计时赛姿势，你需要具备良好的上身力量来支撑自己的体重，良好的柔韧性来维持姿势，这对颈部、背部、骨盆和腘绳肌腱是个考验。

如果你的力量不足，很快就会感觉到颈部疼痛、上半身（手臂、肩膀和背部）疲弱和髋部紧张。刚开始时，你的计时赛姿势不应该那么激进，车座可以较为靠后，车把也应设定得高一些，平常要通过锻炼来解决身体的限制因素。如果你真的想拥有良好的计时赛姿势，那么为了维持这样的姿势，你需要制订一个柔韧性和力量训练计划并积极地训练。

UCI 规则（截至本书写作时）

我们现在不妨来谈谈 UCI 的规则。如果不符合 UCI 的规则，那么再好的骑行姿势也毫无意义。虽然我们大多数人都不会参加 UCI 监管的赛事，但是熟悉 UCI 规则有助于我们了解职业车手们采用我们电视中看到的那样的姿势的原因。不过如果你是一名铁人三项运动员，那就可以完全不用理会这些规则了。

伸展把

截至本书写作时，UCI 单车尺寸指南中的 1.3.024 款规定，伸展把的外形必须符合 1∶3 的比例。伸展把必须是固定的，不能有可以在比赛中改变长度或角度的系统。

伸展把要向水平方向伸展。伸展把应装有手柄（手与车的接触点）。手柄既可以与车把

车把向上倾斜有助于稳定身体

A图中稍微向上倾斜的伸展把让车手有所依靠，避免出现要从车前方掉下去的感觉，还能消除过大的肌肉负担。B图中的车手会感觉自己即将从车前方掉下去。

正确　　　　　　　　　　　　错误

手和手腕保持放松

正确   错误

Ⓐ

Ⓑ

注意A图中车手的手在伸展把上保持放松,而不是像B图那样紧紧握住手柄。这一切源于车座:整体的设定会影响手的姿态。

保持水平，也可以设定成倾斜或垂直。总之，手柄必须易于识别，而且仅仅只能作为手与车的接触点。

车把的高度

车把必须位于车座顶部和上管之间。

车座的位置

车座后移量必须大于 5 厘米。换句话说，经过车架五通中心作一条垂直线，车座必须比这条线靠后 5 厘米。

UCI 禁止通过改装来达到要求，比如切除车座的鼻端。

车座的上下倾斜角度不能超过 3 度，长度则必须在 24 ~ 30 厘米。

规则的例外

为了顾及特别高和特别矮的车手，UCI 规定了两条例外条款，但车手只能利用其中的一条。一是可以不受 5 厘米车座后移量规则的束缚，二是可以将车把延伸增长到 800 毫米。

第一条例外条款让身材矮小的车手坐在车座上时能够握到车把，第二条例外条款让身材特别高的车手能够更加向前伸展，但是一名车手不能同时适用两条例外规则。如果身材特别高的车手采用的车座后移量小于 5 厘米，那他就能具备更加向前伸展的骑行姿势，从而比别人更有优势，这是规则所不允许的。

铁人三项 / 铁人

基本上，精英级别的铁人三项运动员可以随心所欲地选择骑行姿势。他们无须遵循 5 厘米车座后移量的规则，所以可以选择更加向前伸展的计时赛姿势，并且打开髋关节，产生更多的力量。因此，铁人三项运动员的骑行姿势会更加激进，车座会更高也更加靠前，膝盖也会比脚更加靠前。

伸展把和车座的法定要求

前臂安放位置   把手

24～30厘米

0度
3度 倾斜角度

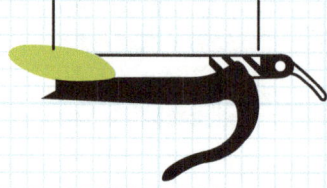

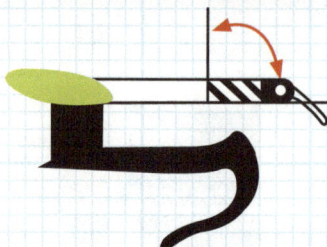

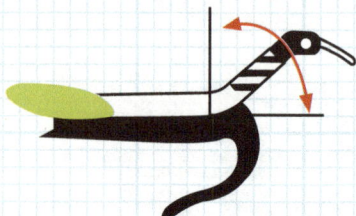

车座长度必须在
24~30厘米，倾斜角度
不超过3度。

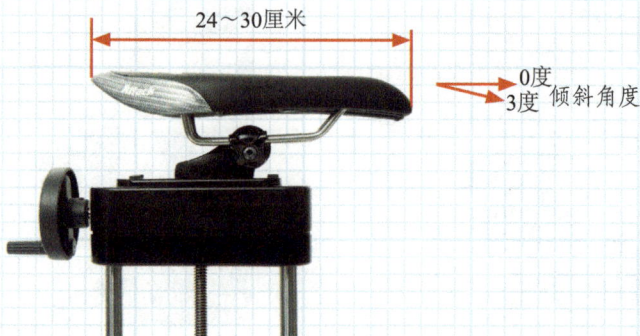

伸展把和车座后移量的法定长度

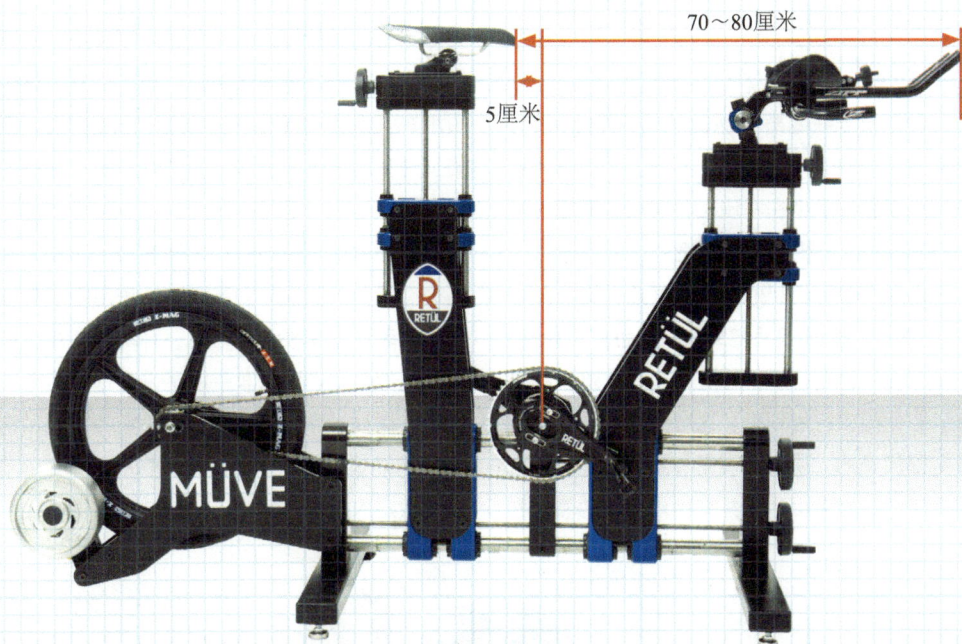

前臂的法定位置

一则警告：社会上一直存在着一个说法，认为如果采用某一特定的骑行姿势，就能够为接下来的跑步节省力量。这完全是无稽之谈，大家不应该浪费时间去追求一些不可能的事情。

山地车骑行

对于需要在越野路面驰骋的山地车而言，需要考虑一整套不同的设定参数。公路车骑行车手大多数都是坐在车座上，所以既要努力地长时间保持某一姿势，又要避免过度劳损。

山地车骑行姿势的背部角度通常更为放松（一般是 50 度），因此髋关节角度也打得更开。在精英级别的车手中，这有助于产生更大的力量。在休闲骑行级别中，这可以让那些有髋部或背部问题的人使用装有光头胎的山地车在公路上骑行，因为山地车具有相对放松的髋部和背部姿势。

山地车的车把通常会比公路车更宽，因为这能提高在崎岖地形骑行时的操控性。同时，山地车把立也会比公路车的短，因为把立会严重影响转向灵敏性。车把的宽度以及把立的缩短程度取决于山地车的类型，更加注重下坡的山地车类型会选择宽车把和短把立的组合，而更加注重爬坡的山地车则会选择不那么激进的设定。

一名山地车手拥有的山地车和公路车之间往往有细微的差异。如果长时间使用某一种车型后出现过度劳损，而在另一种车型上却没有出现类似问题，那么车手接下来会选择后者去比赛。例如，许多山地车会有更宽的五通，这会影响站立阔度，并给那些对站立阔度和 Q 角度敏感的人带来问题。

山地车骑行姿势的平均角度

肘关节角度
150～170度

髋关节角度
60～80度

膝关节伸展角度
35～40度

脚踝角度
15～30度

实际上，现在很难将山地车作为一个整体来看待，因为现在已经演化出 4 种不同的类型。

1. XC 越野山地车，这是我们大多数人所知道的传统山地车。

2. 自由骑山地车，这是从林道骑行发展而来的车型。

3. 速降车。

4. 通勤车 / 旅行车。

XC 越野山地车的骑行姿势与普通的公路车骑行姿势非常接近，因为前者完全偏向于提供高效的踩踏。但是为了确保操控性，XC 越野车的骑行姿势与公路车骑行姿势相比还是会有几个关键的区别，我们很快就会谈到。

自由骑的姿势也偏重于优化踩踏效率，但是会更加注重冲坡。自由骑的关键装备是升降座杆，需要踩踏时就利用它升高车座高度，在滑行下坡时又可以降低车座高度。在山地车骑行中，降低身体重心可以更加稳定地高速骑行。有了升降座杆，车手就可以通过降低车座高度来降低重心，而不用通过身体向后移来降低重心（如果是 XC 越野车的标准车座高度，那么就需要身体后移了）。为了降低重心，采用"正常"车座高度的车手只能将身体向后移，而这种体重分布方式并不利于下坡。

速降车的骑行姿势以冲坡为唯一目标，特别注重车子的操控性，而不是那么注重踩踏。

通勤车 / 旅行车的骑行姿势会更加注重踩踏效率和舒适性的需求，没那么关注操控性。例如，通勤车 / 旅行车的把立会更长，车座高度也会更高。

这 4 种山地车类型，差异最大的是把立长度和车把宽度。基本上可以说存在着两个极端以及两个极端之间的过渡情况。第一种极端情况是现在速降车和大多数"林道车"都装有 50 毫米的把立（市场上最短的把立）和 770~800 毫米宽的车把。这非常有助于冲坡，因为：

- 把立缩短后，有助于重心后移；
- 转向非常灵敏；
- 宽车把使操控更为稳定。

所以这种车前端设定更加有利于实现冲坡的目的。

第二种极端情况是，XC 越野山地车为了有利于爬坡，最好安装更长的把立和更窄的车把，因为：

- 把立加长后，重心就会前移，在爬坡时让前轮更加贴地；
- 在崎岖路面爬坡时，转向更为稳定；
- 躯干角度和髋关节角度会稍微变小，从而更有利于产生力量。

山地车的一个有趣之处在于独特的踩踏风格。研究表明，山地车的踩踏力量输出在整个踩踏循环中会更加均匀。换句话说，踩踏循环中的停歇时间和负力矩时间会更短，在这些时间点上没有产生力量或力量被用尽。由于在更大曲柄角度范围内能够持续施力，所以山地车踩踏被研究人员公认为是"最佳"踩踏。有人认为这是为了在爬坡过程中保持抓地力，所以才持续对脚踏施加压力。谁知道呢？这甚至可能是许多山地车好手，例如卡德尔·埃文斯和彼得·萨根，成功转型为公路车手的部分原因。

场地车骑行

场地车的骑行姿势通常更为激进，目的是为了能以更符合空气动力学的方式输出力量。无论是在争先赛还是在耐力赛中，坐姿骑行和站姿骑行都需要达到最优化的姿势。

争先赛

争先赛车手和凯琳赛车手可以不用遵守 5 厘米车座后移量的规定，也就是说，车座前端可以与车架五通处于同一条垂直线上。因此，车座会更加靠前，车座高度也相对更高，骨盆更加向前旋转，从而更有利于臀大肌和股四头肌产生力量，这对于极限功率骑行很关键。

场地车没有刹车，所以也没有手变头，因此车手在整个比赛过程中手都要握在下把上；背部角度相当低，整体姿势也更加激进，如果比赛时长较短，那么这种姿势就很合适。人们经常会看到车手的膝盖位置超过了脚，而且膝盖伸展角度很大（比如 30 度或以下）。许多车手也会选用较短的曲柄，因为这样踩踏频率会更高。为了在队伍夹缝内更好地穿梭，车手们会选用更窄的车把以提高操纵的灵敏性，但现在也有空气动力学的原因。

追逐赛

如果你将追逐赛分解为出发（站立式踩踏）和其余部分（坐姿踩踏），那你就需要平衡这两大关键元素。

个人追逐赛和团体追逐赛的出发尽管只持续数秒钟，但是非常关键。因此，基础把的姿势很重要，车手们通过拉动基础把奋力出发，然后才使用伸展把。如果基础把姿势太低，则握把的效率低下，而且车手的膝盖会撞到车把；如果姿势太高，又不太符合空气动力学。在 UCI 规则内（追逐赛适用 5 厘米车座后移量规则），追逐赛车手实际上采用的是一个激进的公路计时赛姿势。压力数据显示车手大部分时间都是坐在车座鼻端上，因此需要花些时间与精力去认真选择车座。如果考虑到在场地弯道边坡时会产生 9 倍于自身重力的力量，那就更应该选好车座了。

青少年车手

青少年车手会不断地带来 BIKE FIT 挑战。人们一直问我这些问题：什么时候才是更换我孩子自行车的合适时机？怎样才能不用每过 6

踩踏剖面图

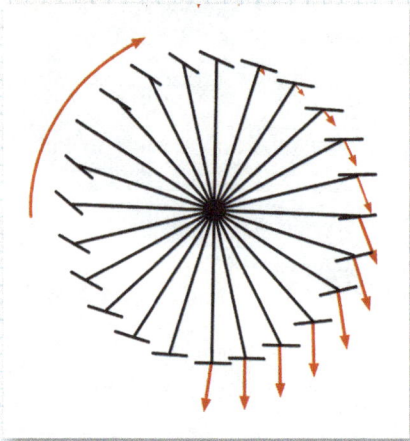

公路车手

一个典型的搅碎机。

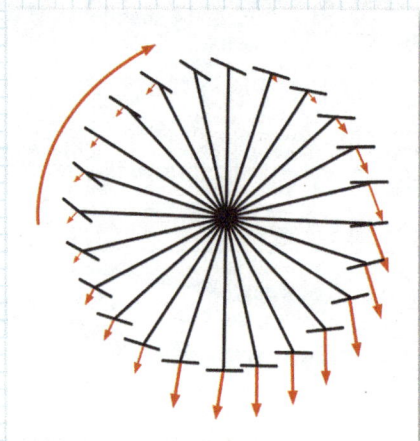

山地车手

在整个踩踏循环中，力量施加得更加均匀。

个月就需要给他们买辆新自行车?

　　孩子们在成长的不同时期有着不同的自行车骑行速度,所以没有一个放之四海而皆准的规则。要注重孩子们的身体与自行车的匹配性,这样才能让他们安全地享受骑行。对于一些青少年而言(最常见于10岁出头的青少年),能够最大限度地发挥自己的能力也是很重要的。那么我们如何才能实现呢?

　　值得注意的是,我们在年轻时身体通常会更柔软,更像是"宏观吸收者"。相比于成年人,孩子们可以适应更大的变化,适应的速度也更快。当然,即使是在孩子的群体内,个体的适应能力也是有差异的。同样值得注意的是,为了适应尺寸的大幅变化,许多青少年的自行车设计会更加休闲放松。比如车前端没有太多的高度或前伸量,因此即使车座位置较高,也能伸手握到车把。

　　对于处在发育期的青少年车手,有两件事是关键:经常测量他们的身体和自行车。这样你就能发现生长陡增的情况,从而了解什么时候应该调整或更换自行车。对于青少年而言,关键的BIKE FIT参数是膝盖角度、髋关节角度和躯干角度。你可以按照本书前文的方法,使用一把廉价的大测角仪来测量这些角度。至于自行车本身,你可以使用一把卷尺来测量车座高度、把立长度、前叉上管的垫片高度和前伸量。

　　即使开始时的设定是最正确的,膝关节角度和髋关节角度也会随着孩子的成长而不断变化。随着孩子身体的成长,原有的车座高度相对而言会变得太低了,膝关节和髋关节的角度就会变小(膝关节伸展程度和髋关节屈曲程度下降)。所以要相应地调整车座高度,重新达到合适的膝关节和髋关节的角度,以及重新设定前伸量(把立长度、垫片高度),以保持躯干角度不变。一旦外露的座杆长度超过安全线,或者把立长度超过140毫米,垫片高度超过60毫米,那就应该考虑换一个更大的车架了,因为已经没有可调整的空间了。曲柄长度虽然不用那么频繁地更改,但最终也是要改变的。

　　因此,不要在孩子们的车架上花很多钱。孩子们更感兴趣的是车架外观,所以如果一定要花点钱,那就花在车架涂装上吧。廉价的儿童自行车通常很重,而且操控性不佳,会影响骑行乐趣,但是这也提高了孩子的反应能力。当今大多数的儿童款竞赛/公路自行车都已经足够轻量了。

　　我认为如果你能将BIKE FIT窗口概念应用在孩子身上,那就能发挥所买的车架和自行车的最大价值。首先要确定上述测量参数的数值,并致力于让你的孩子处于BIKE FIT窗口的最低值,包括车座高度、把立长度和垫片高度。因此,尽管孩子们不断成长,也会在大部分时间处于BIKE FIT窗口之内,即使超出窗口范围也只需调整相关的部件即可。当然,我们不同身体部位的生长速率也各不相同。我们大多数人都是成比例地生长,但对于那些不是如此的人而言,会再次面临很大的BIKE FIT的挑战。

　　至于孩子们应该在自行车上花多少时间以及应该从什么时候开始骑车,这些真的不是我的专业研究领域。但我知道,由于人们对自行车运动越来越重视,现在对于青少年的要求也提高了。例如,英国自行车协会对于"人才与奥林匹克计划"中的车手要求也在不断提高。

　　但是我会特别小心地不让孩子过早地只专注于某一项运动。足球学校常见的过劳损伤与运动员们小时候过度的运动竞赛有着密切关联。孩子们在小时候要广泛地参与各种运动,让他们接触到各种各样的运动模式和身体挑战。这可能会失去训练的专一性,但在我看来这对他们以后的生活会有很大的帮助,因为他们具备了更多的基础技能,需要时就可以随时调用。孩子们就像是神经肌肉海绵——他们学习技能的速度和神经通路的成长速度都是非常惊人的。

07

骑行以外的
日常锻炼

骑行以外的日常锻炼

自行车是可设定的，人也具有很强的适应性。我们已经讨论了如何设定自行车。其实，有许多方法可以提高身体的适应能力，让身体逐步接受更符合空气动力学的姿势或者更加有利于产生力量的姿势。

英国自行车学院参加自行车比赛项目的车手会接受奥运会训练计划，其入门课程内容包罗万象，其中就包括柔韧性训练。他们的训练强度在不断增大，所以必须要注意自己的身体，同时还要把简单的事情做好。最优秀的车手在完成风洞测试后也需要这么做——如果确定了一种新姿势，那么就必须继续训练改进，从而在现实中发挥其全部潜力。这个原则适用于任何想要提高自己骑行表现的车手，最终会有很好的效果。

下面的锻炼项目分为两类。第一类锻炼项目用于解决骑行姿势不平衡问题，比如髋部屈肌紧张或背部中间过于弯曲等问题。这些锻炼项目能防止你像个老头一样在车上驼着背或者无法站直，另外还有助于防止多种过劳损伤。第二类是有助于让你变得更加灵活和强壮的锻炼项目。

我们的时间都很有限，即使是职业车手也是如此。我记得布拉德利·维金斯有一次来找我的时候，手上竟然有车队给他的 27 个锻炼项目。如果你有 10 多个锻炼项目，但是只是偶尔随意地做一做，那么远不如定期做好 3 个有效且有针对性的项目的效果好。

英国自行车协会和天空车队要求车手在骑行之后必须进行 3 个专门针对骑行的柔韧性练习。

为什么要练习

关于柔韧性练习的一个常见误解就是认为拉伸肌肉会让肌肉变长，我特别希望大家能破除这种误解。这完全是错误的，因为肌肉有固定的起始点和嵌入点，所以肌肉长度基本上是固定的。急剧或短时间的拉伸活动并不能使肌肉变长，只有在长身体时或是经过长年累月的拉伸之后，肌肉才会真正变长。如果运动幅度超过平时坐在车座上或书桌前的正常范围，肌肉可能就会对此高度敏感，那么柔韧性训练真正解决的就是肌肉的这种高度敏感性。如果不解决这种肌肉紧张问题，就容易导致肌肉失衡、肌肉功能不佳或引发潜在的疼痛或损伤。

什么时候练习

柔韧性练习最好在骑完车后立即进行，但是在骑行后的一小时内进行练习也没问题，你可以先洗个澡，然后再换上干净的衣服。骑完车后的当天晚上进行柔韧性练习也是有益的，这会比骑完车后立即匆忙练习的效果还要好，如果能在晚上边看电视边放松地练习就更好了。

练习的时间要多长

开始时要保持拉伸状态 30 秒，一旦你能够很好地保持住，那就增加到 90 秒。

如果有泡沫轴，那每次可以上下揉压 10 次，向上揉压和向下揉压的时间大约都是 3 秒。越来越适应这种练习后，你可以在特别紧张或疼痛的区域停留一会儿。

练习项目

保加利亚蹲

你可能长时间坐在书桌前或坐着开车，然后骑车又骑了好几个小时。在此过程中，一直都是保持着身体前倾的坐姿，导致髋部屈肌紧张，进而引起身体不适。保加利亚蹲是解决髋部屈肌紧张的一种好方法。

- 把脚向后抬起来，放在床上或椅子上。
- 挤压臀大肌，你也许会发现这时就有拉伸的感觉了。
- 保持臀大肌紧张，并且弯曲前腿的膝盖，直到髋部屈肌有深度拉伸的感觉。
- 每一条腿做3次，每次保持30 ~ 90秒。

印度结

如果久坐不动，与髋部屈肌对应的臀肌肌群也会出现问题。要想臀肌功能正常，保持其柔韧性很重要。这种练习特别适合锻炼臀肌，同时也能锻炼到较小的梨状肌。梨状肌可能与背部和腿部的疼痛有关。

- 坐在地板上，一条腿弯曲在前，脚后跟接近另一侧的臀部。
- 另一条腿交叉过来，上半身保持直立的姿势，脊柱挺直。
- 体重应该均匀地分布在两边臀部上，但是如果有一边臀部抬高也不太要紧。随着姿势的放松，体重分布会变得均匀起来。
- 每一边做3次，每次保持30 ~ 90秒。

泡沫轴

定期按摩对于所有顶级车手而言，是身体恢复程序的一个重要组成部分。定期按摩有助于身体为下一次训练或比赛做好准备，理疗师也能借此发现和处理任何肌肉紧张或失衡问题，而不会使其发展成为肌肉损伤。因此，进行结构化训练的车手最好定期预约合格的运动

保加利亚蹲

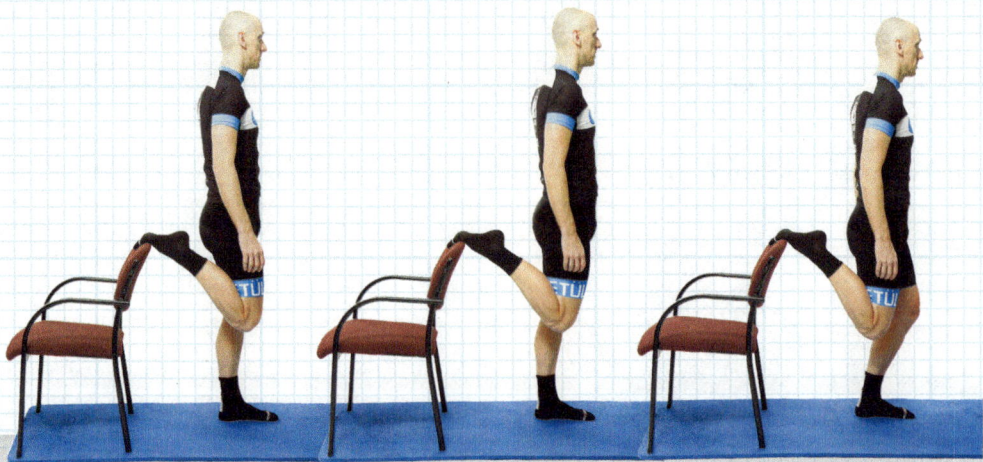

理疗师。对于许多车手而言，如果每个月预约超过一次，成本会太高。你可以用泡沫轴和激痛点球来填补两次预约之间的空当儿。许多英国国家队和天空车队的车手也会使用泡沫轴，以此作为车队按摩师按摩的补充，而且这也是让身体保持最佳状态的一个有效方法。

我需要什么样的泡沫轴

市场上有大量的泡沫轴可供选择，从简单的发泡聚苯乙烯到模拟理疗师手指的设计。选购泡沫轴最重要的考虑因素就是大小和坚硬度。泡沫轴要足够大才能有效地按摩身体，但又不能太大、太笨重，不便于携带。有些泡沫轴是中空的，特别适宜携带。通常来说，泡沫轴越硬越好。你会把自己的所有身体重量都施加在泡沫轴上，所以便宜或柔软的泡沫轴会折曲分解，导致按摩效果不佳。

除了泡沫轴外，你还需要有一个激痛点球。这个并不会很贵，硬橡胶球或板球是很好的选择。

泡沫轴用来做什么

泡沫轴和激痛点球是用来模拟一种被称为"筋膜释放"的理疗技术。筋膜是一种网络式的白色结缔组织，包围着所有的肌肉。所有筋膜都是相连的，几乎可以看作包围肌肉的紧身衣。在健康状态下，筋膜应该柔软、灵活且能够自由移动，但是重复的活动、负荷和创伤会导致筋膜变得紧张、坚硬。传统的被动式拉伸实际上并没有真正地拉伸组织，而只是让组织变得迟钝，因此泡沫轴和激痛点球形成的压迫和释放，能够有效保持软组织的柔韧性和健康。

怎么用泡沫轴

- 以稳定的速率上下揉压目标区域 10 次。例如对于髂胫束，5 次缓慢地向上揉压和 5 次缓慢地向下揉压就比较合适。每次完成 2 ~ 4 组。
- 揉压的最佳时机是在完成锻炼之后，此时已经完成了热身。
- 千万不能揉压骨头。

印度结

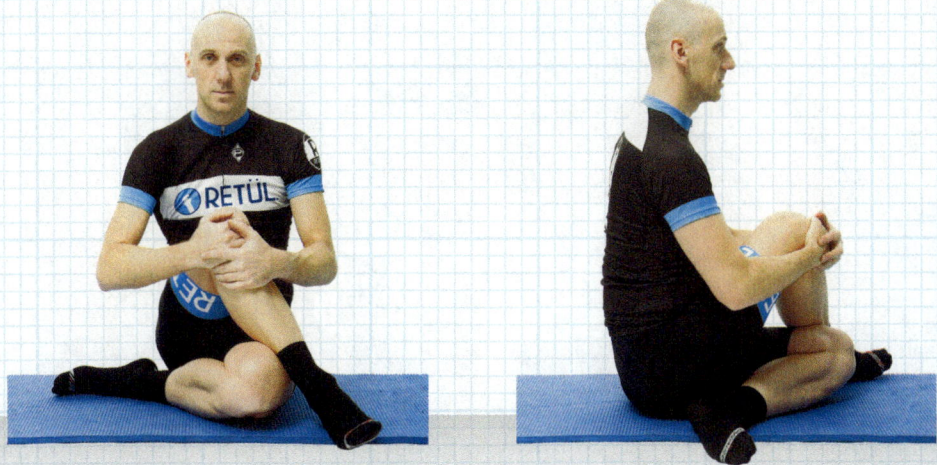

- 最开始要每天使用泡沫轴，但大约两周后，可以每隔一天揉压一次。
- 最初可能会受伤，但是经过两周每天的揉压后，疼痛将会消退。
- 第一次使用泡沫轴时，许多人（尤其是女性）会出现瘀青。这是常见情况，但如果担心的话，可以咨询一些专业人士。
- 一旦你习惯了上下揉压目标区域，可以在特别紧张或疼痛的位置停一会儿，深呼吸，只有在你觉得组织放松和疼痛消失的时候才继续移动。
- 如果你遇到任何不寻常的疼痛或感觉，要去咨询合格的医疗专业人士。

髂胫束

髂胫束是一种厚带状的软组织，分布在大腿的外侧。很难用传统的伸展运动来锻炼髂胫束，而髂胫束是许多常见的膝盖疼痛问题的根源。保持髂胫束功能和健康的最好方法就是使用泡沫轴。如果你发现自己的髂胫束持续紧张，这可能是由于自行车设定不当引起的，比如车座过高或者锁片设定不当。一旦重复出现某一个问题，要去咨询专业人士以找到根本原因。

- 将全身的体重施加在泡沫轴上，用手臂支撑身体，手臂保持垂直于地面，同时双脚叠堆在一起。
- 如果你觉得压力太大，可以将上面的一条腿放下来，就像下图中演示的那样。
- 上下揉压大腿外侧，但是要注意不能压到髋部和膝盖的骨头。
- 不能通过前后旋转来治疗疼痛点。

股四头肌

股四头肌位于大腿前面，包括4块肌肉：股直肌、股外侧肌、股内侧肌和股中间肌。股直肌与踩踏的关系尤其密切，如果股直肌太紧张，会对骑行姿势和生物力学产生不利影响，

使用泡沫轴锻炼髂胫束

引发腰痛和潜在的髋关节及膝关节问题。

● 以平板支撑的姿势脸朝下趴着（使用手臂和脚趾撑地），大腿压在泡沫轴上。

● 弯曲揉压泡沫轴的那条腿的膝盖，把它钩在另一条腿的脚踝后面。

● 上下揉压整个大腿部分。

臀肌

臀肌的正常运作对于强大且平稳的踩踏有着非常重要的作用。但是对于许多车手而言，臀肌紧张会导致力量不足，给已经不堪重负的股四头肌增加负担。

● 使用一个硬球或泡沫轴，一条腿跨过另一条腿采用侧面支撑的姿势，揉压臀部和髋部区域。

● 如果是使用泡沫轴，那就上下移动臀部并前后旋转以覆盖整个区域。

● 如果是使用一个硬球，那就使小球来回旋转以揉压整个臀部，并在紧张或疼痛的区域停留一会儿。

胸椎

我们日复一日地开车、骑车或久坐在书桌前，这实际上是让身体固定在一个向前弯曲的姿势上。这项专注于胸椎的练习有助于纠正这种不平衡的姿势。

● 躺在泡沫轴上，使其横在肩胛骨的顶端。

● 用双手稍微支撑头部。

● 滚动泡沫轴，使其往下滚动到胸腔的底部，同时伸展胸腔。

背阔肌

背阔肌位于后背的中部和上部，在所有背部肌肉中拥有最大的嵌入点。在爬坡和站立式冲刺时，这块大肌肉的作用非常重要。同时背阔肌是骑行中支撑脊柱的关键所在。许多车手在长距离骑行中会感到背阔肌不舒服，虽然通过调整骑行姿势往往能够解决这一问题，但是

硬球：锻炼臀肌　　　　　　　　　**泡沫轴：锻炼胸椎**

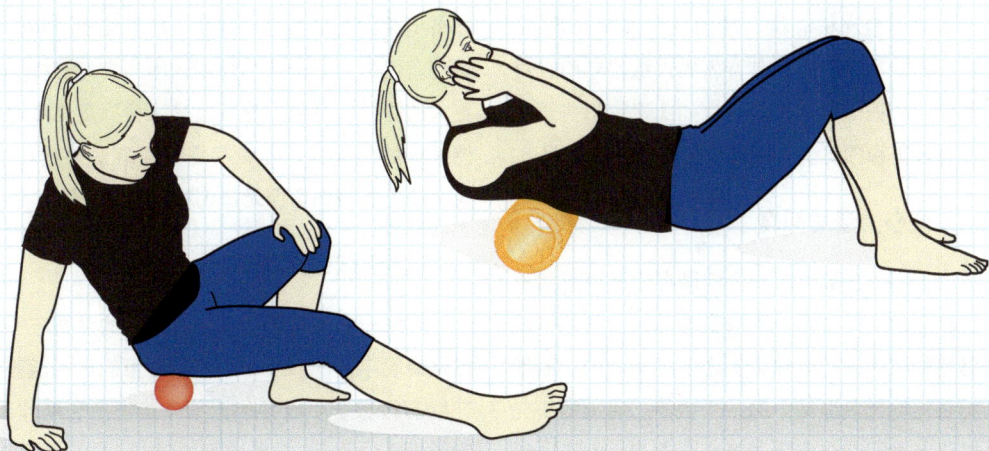

使用泡沫轴揉压背阔肌也有极大的帮助。

● 躺在泡沫轴上，使其位于腋窝下方的肌肉区域。不要把整个身体的重量压在泡沫轴上，要用下半身分担一些体重。

● 让正在揉压的那一侧的手臂往外伸展。

● 上下滚动揉压背阔肌，并且通过向后旋转来揉压整块肌肉。

打破核心力量的谣言

许多年来，各种健身杂志里都会有许多文章推崇核心力量和核心稳定性的重要性。即使是自行车专业的出版物，也在吹捧稳定性练习和其他专注于核心力量练习的优点，认为这类练习能够防止背部疼痛并提升骑行表现。

我认为我们应该清除关于核心力量和核心稳定性的错误观念，重新评估它对于自行车运动的作用和重要性。

这一切是怎么来的

在 20 世纪 90 年代，澳大利亚的一些研究人员认为，大部分腰痛的根源在于身体中腹横肌这块小肌肉的虚弱。由于背痛在现代社会中非常普遍，所以物理治疗界马上就采信了这个万能的观点，然后健身产业也随之跟进，因此核心力量和核心稳定性的狂热浪潮开始了。理疗师们不仅要求患有背痛的人练习专门针对腹横肌的锻炼动作，而且也如此建议那些试图提升表现和预防伤害的健身爱好者与运动员。

核心力量的问题

核心力量最大的一个问题在于腹横肌并不是独立地发挥作用。腹横肌是通过与其他构成腹壁的肌肉一起运作来实现多种功能的，而维持脊柱稳定只是其中的一个功能。后续的研究并没有发现背部疼痛与腹横肌虚弱之间有任何决定性的联系。即使有病人在完成以腹横肌为中心的康复训练后从背痛中恢复过来，也不能说明腹横肌练习就是康复的原因，因为只要有足够的休息以及避免实施会恶化背部情况的活动，背部疼痛无论如何都会好转的。

我们甚至不清楚这些极其专注于一点且简单化的练习是否能够提升运动表现。这些练习对于身体康复确实有其作用，但是并非人们所宣传的那样。选择锻炼项目和制定锻炼方案都需要有充足的知识储备以及非常明确的方法。对于绝大多数时间有限的车手而言，他们本来就需要完成针对骑行和日常生活的功能性健身项目，如果还要在这些没有详细指导的锻炼项目上花时间，那往往就是浪费时间。

苹果有核，车手无核

在英国自行车协会内，已经不再使用"核心稳定性"这个词了，取而代之的是"功能性躯干力量"和"稳健性"。功能性躯干力量与协调性指的是能够强力踩踏以及在自行车上完成任务的能力。稳健性指的是在骑行和日常生活中承受训练负荷和避免损伤的能力。

如果把运动表现想象成一个金字塔，那么与自行车特有的体能就是金字塔的顶端。与自行车相关的力量练习也许并不能直接提升骑行表现，但是会有间接的作用，因为它能够提供更大的稳健性基础。这反过来又会提高你应对持续训练的能力，让金字塔的顶端变得更高，同时避免因为伤病而无法训练。

这对我来说意味着什么

作为一名骑行爱好者、有志向的竞赛车手或是经验丰富的职业车手，你很可能已经能够连续骑行数个小时并能完成一些任务和动作。如果是这种情况，那些典型的强调"核心加强"

的锻炼就没什么用处了。即使你在骑车时有时会受到背痛的困扰（经过数个小时的艰苦骑行后，背痛是不可避免的），其原因也是骑行姿势不当或者是其他完全与骑行无关的因素。如果背痛对骑行或日常生活有妨碍，要去咨询合格的专业人士。如果无法证明这些锻炼项目有助于解决背部问题或提升骑行表现，那么把宝贵的时间花在这些项目上就是毫无意义的。

你应该做什么

你应该选择一个包含关键动作的简短锻炼程序，而不是选用一套复杂的健身程序或是一长串偶尔才做一做的锻炼项目，这个程序不管在哪儿都可以完成，所以更有可能坚持下来。这种持续练习对于增强功能性躯干力量至关重要，你的锻炼例行程序每周应该至少做3次。

这个例行程序事先经过了功能性运动评估，每个车手在加入英国自行车协会项目（译者注：为了完善自行车专业人才梯队建设，英国自行车协会下设有多个不同级别的自行车运动员培养项目）之前都会进行这一项评估。下文给出的就是一个适用于各个级别项目中顶尖

耐力型车手的典型锻炼程序。

最开始时，你应该在精力充沛的时候完成例行锻炼程序，因为如果不习惯这些锻炼项目，你在疲劳时就很难保持良好的姿势形态。在取得进步后，你可以考虑先在滚筒骑行台上热身10~20分钟。滚筒骑行台训练可以说是单车运动的终极稳定性练习。

24规则

除了侧面平板支撑之外，例行锻炼程序中的所有锻炼项目在确定练习组数和重复次数时都要遵循"24规则"，即每一个项目的练习次数为24次，其中每一组的练习次数不超过12次。如果你感觉自己身体很强壮，那么可以用2组来完成练习，即每组12次。如果感觉身体较为虚弱，那可以用3组来完成，即每组8次。一旦你能持续地以2组×12次的形式来完成某一个锻炼项目，那就可以考虑选择一个更难的项目了。

标准"姿势形态"对于锻炼的有效性和安全性至关重要。这意味着你需要能轻松地完成练习，不能因为肌肉虚弱而使姿势变形。如果你不能保持完美的姿势形态，那就停止练习。

　　布拉德利·维金斯曾经邀请我审查当时的德国电信车队给他制订的一套"核心"训练计划。在此之前，加利福尼亚州的一家机构对他进行了全面的评估，并且给他制订了一套康复性锻炼计划以加强核心力量和稳定性。这套锻炼计划有一个问题：它要求车手每天要完成26项练习。布拉德利在完成练习后，就没有时间去骑车了。因此我马上将其精简成每天3项练习、每周循环完成9项不同的锻炼项目，从而能够合理地控制训练负荷。其中的关键点在于：训练计划中的每个项目都对布拉德利有所帮助，但是如果把这些训练项目全部合在一起也能对他有所帮助吗？你应该从务实的角度来看待问题，他是一名自行车选手，所以需要有足够多的时间进行骑行训练。

劈腿下蹲

　　抬腿往前迈一大步，找到一个稳定的平衡点。身体下蹲，前腿弯曲成90度。如果你是刚开始锻炼，可以让后腿的膝盖靠在地板上，从而保持舒服的姿势。但是在正常的练习中，后腿的膝盖不能完全靠在地板上，而是应该离地板2.5～5厘米。要专注于保持上半身直立，身体不可左右摇摆，注意不能让前腿的膝盖超过前脚趾。收腿直立恢复初始姿势，休息30秒，换到另一条腿练习，接着休息60秒，然后开始第二组练习。可以通过手持哑铃、加长停顿时间或抬高后脚成保加利亚蹲来完成这一项目的进阶练习。

俯卧撑

　　手臂撑地，双手距离比肩更宽一些。手肘成45度，确保从肩膀到脚后跟保持在一条直线上。背部不能拱起或下垂。弯曲手臂成90度，使胸部贴近地面。稍微停顿，然后手臂伸直恢复初始姿势，但是手臂不要锁死，接着再重复动作。在两组练习之间休息60秒。如果你不能保持挺直稳定的姿势，可以用侧面平板支撑（见对页图）中的方法努力保持静止的初始姿势。如果把手支撑在椅子上，可以更容易地完成动作。当然，你也可以通过抬高双脚来加大动作难度。

深蹲

　　双脚站立分开，分开距离比肩膀略宽，双脚外张30度。双手前举以保持平衡，弯曲膝盖下蹲，大腿至少要与地面平行，同时确保腰部保持自然弧线。在蹲到底时停顿一会儿，然后伸直双腿（但不能锁死膝关节）回到初始姿势，接着再重复动作。在每一组练习中间休息60秒。可以通过加长停顿时间或在胸前举一个哑铃来增加动作难度（见插图）。

侧面平板支撑

　　侧面躺着，双腿互相叠加，用一只胳膊的前臂和肘部来支撑体重。确保肘部处于肩膀的正下方，从而避免不必要的压力。与普通的平板支撑一样，从肩膀到脚要保持在一条直线上。身体要避免向前、向后旋转，或是向地面旋转。如果你很难保持正确的姿势，可以试着让脚靠着墙。动作要保持20~60秒，努力使每一边都坚持到2分钟，例如2×2分钟、4×30秒或6×20秒。在两侧支撑之间可以休息30秒。

风挡刮水器式练习

这是一项高级锻炼项目，只有在熟练掌握其余的例行锻炼程序且持续练习数月之后才可以尝试这一动作。仰卧并抬起腿，膝盖弯曲，同时双手向两侧张开。确保两侧的肩膀都与地板接触，有控制地让膝盖向一个方向靠近地面。经过短暂停顿后，平稳地回到初始位置，然后膝盖倒向另一侧。膝盖倒向一侧代表完成一次动作。每一组练习之间休息60秒。可以通过伸直双腿来加强练习难度。在膝盖和脚踝之间夹一卷毛巾，可以让练习更有效果。

08

案例分析

案例分析

有时候很难全面地分析某个特定问题——无论是自行车设定问题，还是医学问题。我发现在教学中传达信息的一个好方法就是讲故事。这些案例分析可以作为人们非常便利的参考——以案例来分析问题通常能发现真正的根源所在。

案例分析 1

一位 41 岁的办公室职员最近开始投身于骑行运动，而且成了一名狂热的车迷。但是他骑车的时间越长，双手就越发感觉麻木。他也注意到自己的肱三头肌变得疲弱，经常只能通过锁死肘关节来支撑身体。在长距离骑行的末段以及骑行完成之后，他的颈部总是出现疼痛症状。

基本上可以确定是因为车把落差太大了，从而迫使双手承担了过多的体重，手部神经受到压迫后就出现了麻木。肱三头肌变得疲弱以及肘关节锁死证实了这一点，因为只有这种姿势才能支撑过大的体重。过低的车前端也意味着他不得不尽力往前伸颈部才能抬头看路，这会让颈部周围的肌肉组织变得紧张。

解决方案：解决车把落差过大问题，重新分布体重支撑布局，减少手臂承受的压力。

案例分析 2

一名 25 岁的车手已经骑了一段时间了，

案例分析1

车手的车把落差过大，导致双手需要承担过多的压力。

落差过大

最近刚刚换了车座。从那以后，他就出现裆部麻木、持续腰痛等症状，而且时不时地感觉为了握到车把需要让身体过度向前伸展。即使上下移动车座高度也解决不了任何问题。

这个问题最有可能的原因是车座没有保持水平，而是车座鼻端向上倾斜。这会增加车手裆部所承受的压力，从而出现麻木的感觉。车座后部向下倾斜会迫使骨盆向后旋转，使得腰部过度弯曲，进而出现腰痛症状。他之所以会感觉努力向前伸展才能握到车把，是因为尽管姿势没有改变，但是他的整个身体的支撑基础（骨盆）更加靠后了。

解决方案：保持车座角度水平，甚至可以使车座鼻端稍微向下倾斜（UCI 规定可以向下倾斜 2.5 度，同时允许有 0.5 度的偏差）。

案例分析 3

一名 24 岁的女车手已经骑车好几年了，一直有单侧臀部疼痛问题。她注意到自己某一侧膝盖的运动轨迹是直上直下的，而另一侧膝盖的运动轨迹却是左右偏移形成一个梨形。另外，这一侧的脚尖更加朝下。

如果这 4 种情况同时出现，我会高度怀疑是因为存在生理性或功能性的双腿长度差异。身体为了适应这种不对称，会让骨盆横向移动到腿较短的那一侧，这样才能让较短的那条腿踩到脚踏，但是也会导致这一侧出现臀部疼痛症状。较短的那条腿为了踩到脚踏，也更倾向于让足尖朝下。较短的那条腿的膝盖运动轨迹之所以是直上直下的，是因为这是最直接的路径。车子的车座高度是按照较短那条腿的腿长来设定的，所以对于较长的那条腿而言这个车座高度就太低了，因此形成了梨形的膝盖运动轨迹。

解决方案：在腿短的那一侧安装垫片或使用鞋垫以纠正双腿长度差异。

案例分析2

车手的车座过于靠后了，增加了车座到车把的前伸量。

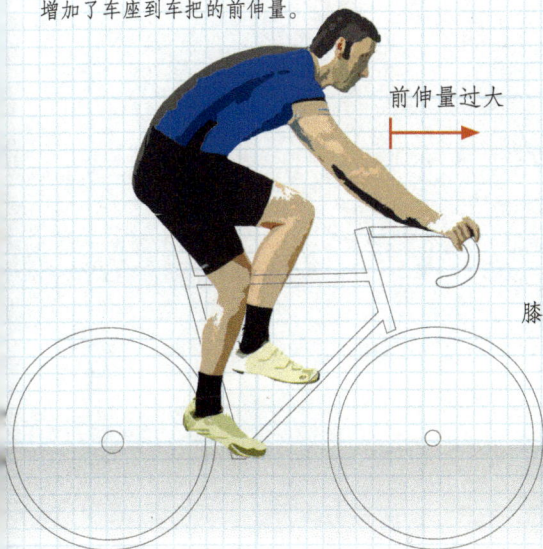

前伸量过大

案例分析3

车手的两条腿的长度不一样，需要通过调整设定来解决问题。

膝关节过度伸展

案例分析 4

一名 30 岁的车手最近刚换了车，使用的是与之前完全相同的设定。但是他一直需要注意避免脚后跟撞到后下叉，结果出现了髂胫束紧张和膝盖疼痛的问题。

他很可能是外八字脚（即脚后跟朝内、脚趾朝外）的走路方式。由于新车的后下叉更向外张开，所以在踩踏的上提行程中脚后跟会撞上后下叉。为了避免撞上后下叉，车手不得不过度激活大腿的外侧结构（股外侧肌和髂胫束），因而这些结构开始变得疲劳或紧张，间接地对髌骨关节施加了非正常的压力，最终引起膝盖疼痛。

解决方案：换一辆后下叉较窄的自行车；也可以继续使用现有的自行车，但是要利用垫片和更长的脚踏轴心来增加站立阔度。

案例分析 5

一名 28 岁的男车手从公路车转到了计时赛车，而且训练得很认真。但是他注意到自己的裆部有麻木的症状，臀部会左右摇摆，髂胫束 / 股外侧肌紧张，另外还出现了一些无法用泡沫轴缓解的激痛点。

计时赛姿势的车座高度相对要高得多。这名车手在最开始时选择的车座高度可能太高了。在计时赛中，骨盆在理想情况下是要向前旋转的，如果车座太高就会阻碍骨盆向前旋转，进而出现裆部麻木的状况。双腿为了以一种有效的方式进行踩踏，会促使臀部左右摇摆；而髂胫束疼痛是由于膝关节过度伸展引起的。

解决方案：将车座降低到一个可以接受的高度；锻炼腘绳肌腱的柔韧性，以适应更高的车座高度。

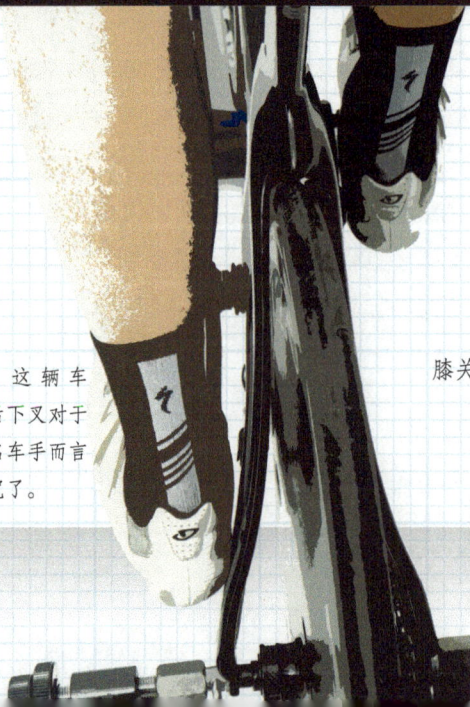

案例分析4

这辆车的后下叉对于这名车手而言太宽了。

案例分析5

这名正在练习计时赛的车手把车座设定得太高了。在踩踏循环的下死点时，膝关节伸展过度。

膝关节过度伸展……

案例分析 6

一名 45 岁的车手刚得到一辆自行车。她已经花了一些时间用于设定骑行姿势，而且将把立长度调整成 90 毫米。一切看起来都很好。但是她无论何时都得握在车把的上把位上，而且感觉转弯不是很灵敏。

在 BIKE FIT 前的交流中，我都会问车手一个重要的问题：你大多数时候是握在车把的哪个位置，是手变头、下把位还是上把位？如果你大多数时间握的是上把位，那么基本上可以肯定你的前伸量设定得太长了。你之所以一直握在上把位上，正是因为要有效地缩短前伸量。

解决方案：如果车座后移量适当，把立也处于最短的安全水平，那么最有可能是因为车子的上管太长了，所以需要更换一个上管较短的车架。

案例分析 7

一名 25 岁左右的车手最近摔了一次车，身体的右侧和臀部重重地摔在了地上。在瘀伤和疼痛康复之后，他在车上一直感觉很扭曲。随后他的右膝盖出现了疼痛症状，这在以前从未发生过。这很可能是因为摔车后右侧臀肌出现了功能性损伤，这首先会引起骨盆不对称，而扭曲的骨盆会引起功能性双腿长度差异，但是他的自行车设定没有顾及这一点，所以引起膝盖疼痛。

解决方案：要去看保健专业医生，借助医生的专业技术来重新对齐骨盆并修复右侧臀肌的功能。与此同时，使用泡沫轴、按摩和拉伸练习来调理右膝周围软组织的病变。

案例分析6

这名车手一直握在车把的上把位上，因为这辆车对她来说太大了。

案例分析7

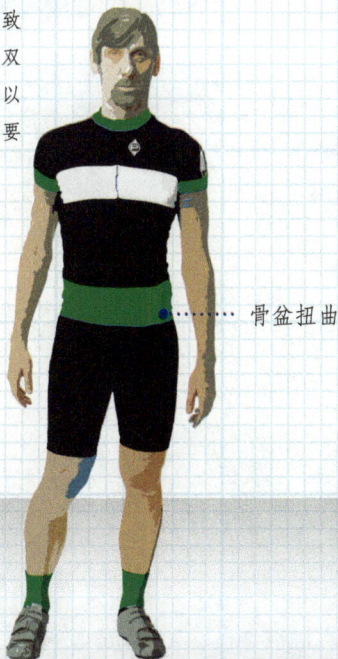

摔车事故导致车手出现功能性双腿长度差异，所以在自行车设定中要顾及这一点。

骨盆扭曲

案例分析 8

一名车手最近刚换了脚踏和锁鞋，但是两边膝盖很快都出现了疼痛症状，而且一边膝盖比另一边膝盖更疼。进一步的调整不仅没有消除膝盖疼痛，反而是让疼痛转移到了膝盖周围。

解决方案：同时改变两个接触点的风险会很大。为了解决这一问题，这名车手最好先恢复到原来的设定。如果这样确实能解决问题，那么我们就知道这次膝盖出现疼痛并不仅仅是巧合。她应该先后更换脚踏或锁鞋（记住：不要同时更换脚踏和锁鞋）。也许这种循序渐进的方法能够让车手安全地过渡，或者是知道应改变新设定的某一个方面。

案例分析 9

一名车手第一次去法国骑了一些标志性的爬坡路段。他以前的最长爬坡时间只有 30 分钟。这次爬坡后他的背部出现了轻微的疼痛，而且右侧的跟腱也出现疼痛症状（他知道自己的右腿比左腿长）。

这些爬坡路段可能需要连续骑行 2 小时以上，对这名车手而言就是增加了 300% 的强度。在连续爬坡中，车手坐在车座上慢慢地往前骑，腰椎的弯曲程度会增加，引发疼痛症状。另外，在爬坡过程中，在下死点位置上车手会倾向于让脚后跟往下沉，因此较长的那条腿的跟腱会出现严重的问题。

解决方案：如果跟腱和背部持续疼痛，那就要寻求专业医护人员的帮助。可以暂时把右侧的锁片向后移，以帮助解决跟腱问题。下次像这样大幅增加骑行负荷之前，要先循序渐进地进行充分的爬坡练习。

波菲尔雷斯山口

09

BIKE FIT
的常见误区

BIKE FIT的常见误区

在本章中，我想纠正一些有关BIKE FIT的常见误区。

误区 1　要尽量靠前设定锁片

尽管这种观点现在已经不是那么盛行了，但是我仍然看到许多人还是会这么做。有些人认为，这样能够创造一个更长的杠杆（即踝关节到脚踏的距离），从而产生更大的力量。但是现在越来越多的人认为，把锁片设定得更加靠后可能最有利于力量的创造。我还没有看到有关性能提升的确定性研究结论，但是我现在按照第一 / 第五跖骨球的方法来设定锁片，必要时还会把锁片更加往后移。根据我的经验，与锁片靠后设定或锁片前移设定相比，这种设定方法引起的问题会更少。

误区 2　髋部屈肌在踩踏上提过程中很重要

除非你是一名场地争先赛车手，否则髋部屈肌在上提过程中并不重要，而且髋部屈肌只有在站立式出发中才真正有所作用。巴雷特和马丁的研究已经清楚地表明：大多数人踩踏上拉过程中出现的负转矩在本质上是非机械的。我们有必要认清这一点，因为许多教练员现在还认为可以通过锻炼髋部屈肌的提拉能力来解决负转矩问题。这是不可能实现的。正如上文所述，负转矩本质上是非机械的，它是在上拉过程中由腿的重量创造出来的，从而减慢了踩踏速度。髋部屈肌的作用只是能让腿尽快上抬，以避免阻碍脚踏的上移。这是为什么呢？因为另一边脚踏上的大腿和臀肌创造了极其强大的力量，从而使这一边相对弱小的髋部屈肌所做出的贡献完全失去了意义。

警告：如果使用分离式或独立式的曲柄，只能依靠髋部屈肌将脚踏上拉到上死点，而无法借助另一侧曲柄产生的力量。因此，应该谨慎使用分离式或独立式曲柄。我们无法确定这些训练设备是否有利于提升踩踏力量。在我看来，这些训练设备可能会导致髋部屈肌紧张和功能失调，因为它在髋关节闭合的姿势下增加了髋部屈肌的工作负荷。

误区 3　髋部屈肌紧张的原因是肌肉负荷量太大

正如前文所述，事实并非如此。车手们的髋部屈肌之所以会变得紧张，是因为在骑行中要保持髋关节角度相对较小的姿势。只有在站立式出发中，你才能打开髋关节角度，让髋部屈肌再伸展自身的1/3长度。在两小时的骑行之后，弱小的髋部屈肌已经适应了这种收缩的状态，所以如果髋部屈肌需要再次伸展时，不可避免地就会有一些疼痛。

误区 4　你可以训练踩踏

巴雷特、马丁、博姆和威廉姆斯的研究显然已经表明，踩踏画圆或上拉脚踏的训练并不能有效地提高踩踏效率。实际上，其中的一些训练反而会产生相反的效果。在我看来，除了场地争先赛车手以外的所有车手都应该避免这么做。这并不是说没有一个"更有效"的踩踏方式。对页是描绘两名世界冠军级车手踩踏力量分布的图片，显示了整个踩踏循环中车手们对脚踏所施加的力量。在踩踏过程中很明显有

力矩（功率）输出测量

　　图片显示了两名车手的功率输出情况，圆圈代表一个完整的踩踏循环，蓝线和红线分别代表两名车手在踩踏过程中的力量输出（以牛为单位）。

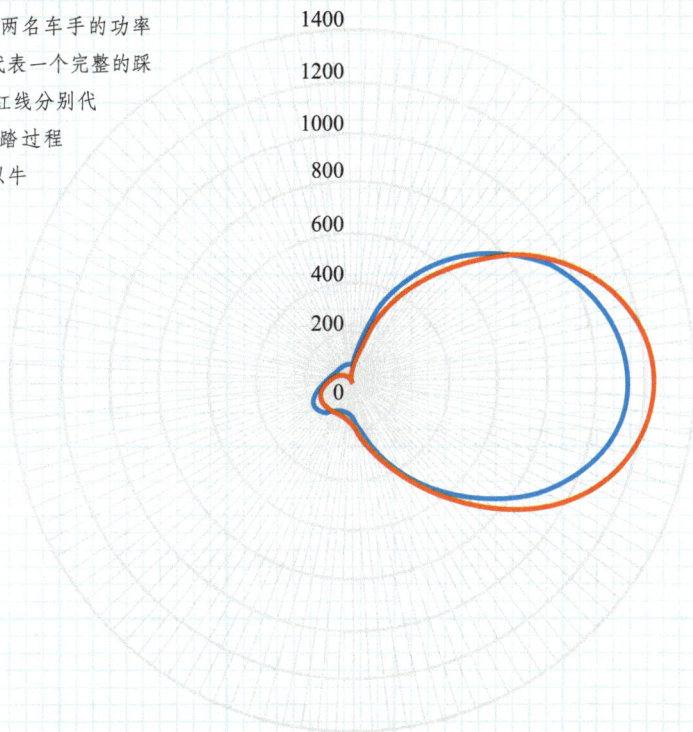

踩踏循环中的肌肉工作负荷

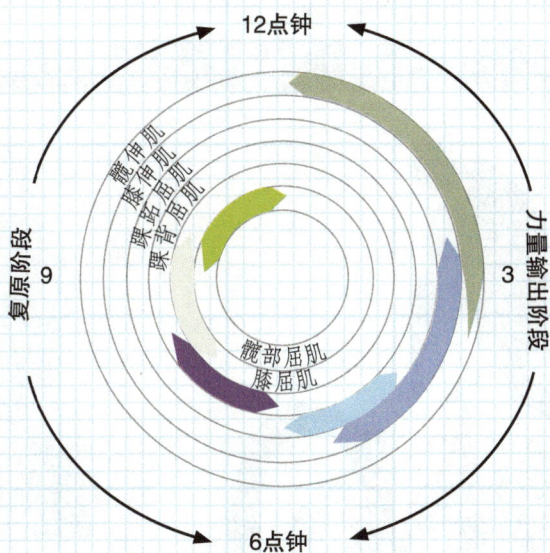

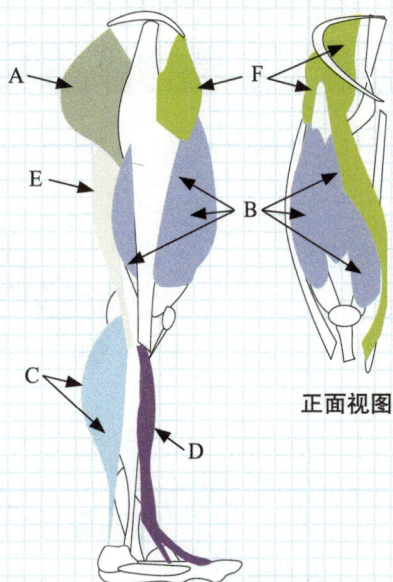

正面视图

一个产生力量的"最有效"区域。然而，这两名车手利用不同关节和肌肉输出力量的方式差异很大，这很可能就是难以训练踩踏的一个原因。你首先要知道关节力量和力量的源泉，然后才能真正了解你正在改变的是什么。我也非常赞同吉姆·马丁对此问题的看法。他认为人的肌肉和本能反应是天生为走路和跑步而设计的，而踩踏是后天学会的，实际上需要大脑的内置步法程序的支持。在我看来，这说明踩踏没有多少创新性，同时也并不是那么容易训练的。

误区5 曲柄长度是决定踩踏效率的一个重要因素

保罗·巴雷特是我在英国自行车协会的同事。他在曲柄长度方面进行了一些非常好的研究。他解释说："从理论上说，改变曲柄长度确实有可能改变效率，因为在一个固定的踩踏速率下，这会迫使肌肉（股四头肌等）以不同的速率收缩和伸展，从而影响踩踏效率。"

改变曲柄长度确实会相应地改变肌肉收缩速率——但只有在极端的曲柄长度下才会如此（120毫米和220毫米），而大多数人并不会考虑使用这样的曲柄。即使采用了这种极端长度的曲柄，只要你改变踩踏速率或者齿比，那么曲柄长度的改变可能并不会影响踩踏效率。实际生活中，曲柄长度的改变（例如从170毫米增加到172毫米或175毫米）对踩踏效率的影响是微乎其微的，完全可以通过其他途径弥补。

这是一个好消息，因为对于踩踏效率之外的因素（比如髋关节闭合角度）而言，曲柄长度是一个重要的BIKE FIT参数。使用较短的曲柄可以稍微增大髋关节角度，同时又不改变其他BIKE FIT坐标。

误区6 设定锁片时应该使两脚垂直朝前

错误！对某些人来说，双脚垂直朝前的状态确实很好。而对于那些走路像鸭子（脚后跟朝内、脚趾朝外）或像鸽子（脚后跟朝外、脚趾朝内）的人来说，将锁片设定成垂直朝前最终会引起疼痛和伤病。锁片设定要与你的走路步态相匹配。

丹尼·麦卡斯基尔

误区7 使用垫片能直接改善功率输出

有些研究试图要证明这是正确的，但是相关研究数量很少而且研究方法欠佳。前脚掌内翻的患病率被过分夸大了，而且纠正的方法也过于简单化。我目前还没看到什么研究证据能够有力地证明只为了改善骑行表现就可以使用垫片。

误区8 你的膝盖运动轨迹应该直上直下

错了！如果你的膝盖运动轨迹是直上直下，而且没出什么问题，那也没什么不好的。但是正如我前面所说的那样，膝盖运动轨迹反映了我们身体的形状、大小、生物力学特征和伤病史。如果你的膝盖有不同的运动轨迹，但是没有出现任何疼痛或损伤问题，那就随它去吧。只有当车手患有膝盖疼痛等病症时，才可以考虑改变膝盖运动轨迹，而且必须由合格的专业人士进行纠正。

误区9 身体四处移动表明核心力量不足

错误！车手与自行车之间的相互作用是非常个性化的，对于有些人而言，身体四处移动可能是一个问题，但是对于其他人而言，这只是他们不断优化与自行车的相互作用方式而已。阿尔伯托·康塔多就是一名在车上四处移动的车手——常常在爬坡时离开车座，在计时赛中也经常前后移动。我一点儿也不认为这有什么错，这就是他最好的骑车方式。

记住：如果你能边骑车边拿水壶、双手脱把骑行上坡或者在骑行过程中披上雨披，那么不要相信别人说你核心力量不足的鬼话，你的骑行核心力量一点儿问题也没有。

可能确实存在一些与核心力量相关的非骑行问题，但是如果这些非骑行锻炼项目是以提升你的骑行表现为目的，那就要当心其是否有价值了。不要相信"只要提升整体核心力量，其他任何东西都将得到改善"的错误观点。

迈克尔·约翰逊

美国短跑运动员迈克尔·约翰逊被认为是有史以来最好的短跑运动员之一。但是他非同寻常的跑步方式在当时广受批评。人们一直告诉他这样跑是无法在田径赛场上取得成功的，教练们也一直试图改变他的跑步风格，但是他仍然一直坚持自我。我认识一名成功的英国奥运会跳远运动员，他的助跑方式非常特殊。专家们认为如果他能采用传统的助跑方式，将会跳得更远。在改变助跑方式后，他的竞赛表现却急剧下降了。于是他恢复到原来的助跑风格，结果又重新取得了成功。这些例子表明，如果有些风格看起来奇怪，但是效果很好，那么改变这些风格并不一定会有更好的表现。虽然看起来奇怪，但是这也许是某个人实现最佳表现的唯一方式。

丹尼·麦卡斯基尔

我认识一名有些类似于丹尼·麦卡斯基尔的特技车手。他曾经因为背部疼痛而去咨询一名理疗师。理疗师告诉他："你核心力量虚弱，需要做一些简单的理疗锻炼来解决问题。"这就是我的理疗师行业让我失望的地方。由于坚持"核心力量包治百病"的错误信念，理疗师们常常遗漏了许多相关的要点。我相信如果人们看到丹尼·麦卡斯基尔的自行车特技，没有人会敢说他缺乏核心力量和稳定性控制。我认识的这位特技车手之所以出现背痛，只是因为他一直在练习自行车跳跃落地动作——与核心力量虚弱根本没有关系。

误区 10　100 转每分钟及以上的踏频更有效率

自从兰斯·阿姆斯特朗四处宣传这一观点后，人们普遍认为以 100 转每分钟以上的踏频进行公路骑行才是最有效的踩踏方式。要是事情真的有这么简单就好了。这种方法可能适用于兰斯·阿姆斯特朗，但如果认为这一踩踏方式适用于其他任何人，那就是忽略了影响踏频的许多其他成分。例如，踏频要受到曲柄长度和齿比的影响。科学研究表明，最符合新陈代谢（以每单位做功所消耗的能量表示）的踏频是 60 转每分钟。但是研究又表明，大多数人喜欢的踏频是在 90 转每分钟左右。这很可能是代谢效率和力量创造之间相互权衡之后的结果，而且每个人的平衡点是不一样的。有趣的是，随着功率输出的增加，最佳踏频也会随之变大。精英级别车手可以相对轻松地保持100 转每分钟的踏频，因为他们经过了良好的训练。

误区 11　椭圆盘片要比圆形盘片好

这个问题目前还很难说清楚。椭圆盘片在某些方面确实有其优势，因为它减少了踩踏循环中不创造功率输出的死区。但是许多人认为天下没有免费的午餐，椭圆盘片确实能使腿部伸展的时间变得更长，但是这种好处会被上拉行程中更长时间的腿部弯曲所抵消。尽管人们进行了大量的研究，但是到目前为止还没有科学的研究能够证明椭圆盘片可以带来更大的益处。也许是不同的盘片形状适用于不同的车

手，只是目前我们不知道而已。

误区 12　浮动量会使你损失力量

令人惊讶的是，现在仍然有许多人相信使用浮动式脚踏系统会损失力量——这个观点认为如果你需要控制脚踏的浮动，那就是在浪费原本可转化成正向功率的能量。有些人使用固定式脚踏系统会有受伤风险，但即使不考虑这个因素，这个观点也仍然说不通。有些车手的脚后跟会偏向于朝向内侧，如果脚踏有少量的浮动量，那么就可以让脚后跟正常地朝向内侧，这通常能优化车手的功率输出。当然有些人会说还不如直接将脚后跟固定在某一位置上（我曾见过有车手这么做），但是这在上拉行程中可能会引起问题（尤其是膝盖疼痛）。

在我看来，相比于降低受伤风险以及优化下肢功率输出所带来的收益，控制浮动量所引起的力量损失基本上不值一提。

误区 13　浮动量能防止膝盖疼痛

在自行车骑行这种重复性的运动中，系统中有一点儿浮动量似乎是件好事。对大多数人来说，这确实有好处。但是，我看到许多人天真地认为只要购买一个有浮动量的脚踏系统，就能完全消除膝盖疼痛的风险。首先，膝盖疼痛的原因明显不仅仅在于锁鞋与脚踏的相互作用。其次，对于有些人来说，浮动量实际上会导致一些问题，比如腘绳肌腱为了控制锁鞋在脚踏上的过度移动而引起膝盖后部疼痛。浮动量应该根据个人的生物力学特性进行调整设定。

10

记录自己的
自行车设定

记录自己的自行车设定

一旦完成自行车设定，要以尽可能多的方式将其记录下来。这样不管发生了什么事情，你都可以借此准确地恢复原有设定。

有很多种不同的记录方法。所有英国自行车协会的车手都要熟记自己的车座高度、车座后移量、落差和前伸量。这些必要的基本测量值可以让你在备用车上快速完成设定，更重要的是能够让车手们在不同的设备上以一种相同的姿势进行训练，这对于避免伤病非常关键。判断车座高度是否变动的一种简单方法就是在座杆上缠一圈电工胶带，让胶带和座杆插入车架的位置一样高。这样如果车座高度上移，你就会在胶带和车架之间看到一个空隙；如果车座高度往下移，你会发现胶带被揉皱了。你可以用同样的方法在座弓的前后缠上胶带或是用水彩笔做上标记，这样你就可以记录车座与座杆的相对位置了。

下面是一系列的测量值，能让你准确详细地记录一辆自行车的设定。由于我没有使用公式，所以没有包括胯高和其他人体测量值——但是如果你有一个处于成长期的孩子，就应该监测这些数值，这样你就能获得额外的信息来判断应该换什么车以及换车的时机。

如果你能给自己的车子拍一张有参照物（比如米尺等）的高质量照片，通常会很有帮助。因为在你丢车或丢失测量值的时候，你就可以借助这张照片获取测量值。另外，用照片记录锁片位置也非常有用，因为脚踏／锁片系统会磨损、损坏和移动。正如之前所提到的那

你的自行车设定

车架高度和前伸长度

☐ 毫米   ☐ 毫米

车座到车把的落差和前伸量

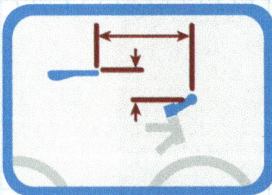

☐ 毫米   ☐ 毫米

车座高度

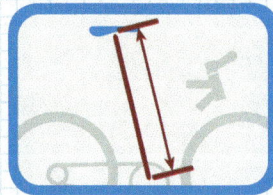

☐ 毫米

车座后移量

☐ 毫米

车座角度

☐ 度

五通到车把距离

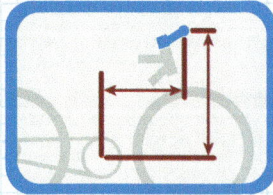

☐ 毫米   ☐ 毫米

样，千万不要扔掉旧的锁鞋和锁片：要保留这些旧物，万一新设定出问题的时候也好有个参照。因此，要尽量避免将旧锁片安装在新锁鞋上。

为了完成自行车测量程序，你需要一把卷尺、一个测斜仪或水平仪（前者测量倾斜度，后者测量表面是否水平）和一个测角仪。

名词解释

权衡型 FIT

这是指考虑到一个人的柔韧性不佳或其他问题的一种 BIKE FIT。应该让车子来适应人的身体，而不应该让身体去适应车子。

衰减

吸收或消除噪声。在自行车运动中，衰减指的是身体和车子吸收路面传导而来的震动和力量。

双关节肌肉

身体内经过两个关节的肌肉，因此可以执行两种动作。这种肌肉数量很少，绝大多数肌肉都是单关节肌肉。

BDC

下死点指的是脚踏处于 6 点钟的位置或踩踏循环中的最底端。

摩擦系数

表示作用于车手身体和自行车的摩擦力。

同心收缩

一种肌肉收缩方式，例如利用手臂将一个罐头举到肩膀上，这就是肱二头肌在同心收缩。

CONI

意大利奥林匹克委员会。

可的松

一种用于控制炎症的类固醇。

曲柄臂

用于连接脚踏和盘片的杠杆。

盘片

安装在曲柄上的圆形齿盘，通过驱动链条来推动车子前进。

下把

车把上向下和向后延伸的环形部分。

动态 FIT

能够在车手动态骑行过程中采集数据的一种 BIKE FIT。

离心收缩

一种肌肉收缩方式，肌肉虽然在延长但是仍然处于收缩状态，比如慢慢地把肩膀上的罐头放下来，此时的肱二头肌在慢慢地延长，这就是离心收缩。

肌电图学

把电极放在皮肤上，记录肌肉收缩时产生的电活动。

外翻肌

小腿上一块能使脚外翻（也就是让脚向外侧旋转）的肌肉。

筋膜

覆盖在肌肉和肌腱上的结缔组织。

股骨

也就是大腿骨。

BIKE FIT 窗口

某个数值（如车座高度）的范围，如果一个人的设定值落在此范围之内，则认为是正确的设定。

浮动量

锁片安装在自锁脚踏系统上时所允许的自由移动量。

正面视图

也被称为冠状面，这是一个将人分为腹部（前）和背部（后）的垂直面。在解剖学上用以描述身体各部分间相互位置关系的一个位面，见本页插图。

臀肌群

这个术语用来描述构成臀部的 3 块臀肌的总和。

测角仪

用来测量关节角度的一种大型量角器。

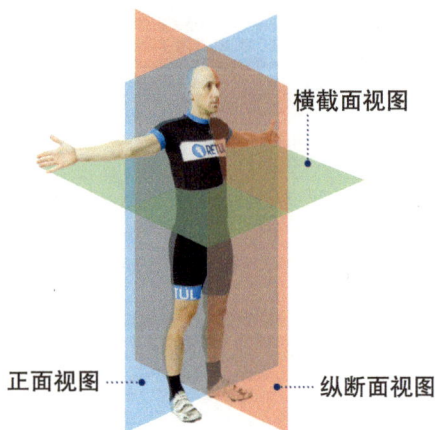

横截面视图

正面视图

纵断面视图

内翻肌

小腿上能使脚内翻（也就是让脚向内侧翻转）的一块肌肉。

不规则负荷

不规则负荷指的是关节或组织承担了超出正常范围的负荷。

等长收缩

等长收缩指的是肌肉虽然处于收缩或工作状态，但是肌肉长度保持不变。比如，用手臂将罐头举在半空中，此时肱二头肌就是处于等长收缩状态。

关节角度

两个肢体相交于一点时所形成的角度，比如膝关节角度、髋关节角度和肘关节角度。

动力学链

由一个动作中所涉及的肢体、肌肉和关节所组成的链条。

KOPS

膝盖位置超过脚踏轴心。

中立式 FIT

以设置中立或安全姿势为目标的一种 BIKE FIT，使各个数值处在可接受的范围内。

髌骨

位于四头肌腱中间的一块籽骨，也被称为膝盖骨。

主车群

这个术语用于描述公路车比赛中车手们组成的大集团。

铅垂

在一条线上系一个重物，用来找一条完全垂直的线，设置 KOPS 时需要使用铅垂。

内旋

脚和脚踝的一种动作，会使得足弓变平。

追逐赛

一种场地车比赛形式，一名车手（或一个车队）要追逐另一名车手（或另一个车队）。

股四头肌

由大腿前面的 4 块肌肉组成的肌群，帮助伸展或伸直膝盖。

股直肌

股四头肌中的一块大肌肉，属于双关节肌肉。

纵断面视图

将人体分成左右两半的一个垂直平面（见上页插图）。

静态 FIT

在车手静止地坐在自行车上（即不骑车）时所完成的 BIKE FIT。

外旋

脚和脚踝向外侧旋转的动作，会使足弓变高。

TDC

上死点指的是脚踏处于 12 点钟的位置或踩踏循环中的最顶端。

晃动

由锁片磨损所引起的在锁定位置上的左右过度移动。

力矩

力矩指的是让一个物体绕着转动轴或支点旋转的"旋转力"。

力矩链

力矩链描述的是在骑行中参与创造力矩的腿部肌肉。

横截面视图

一个假想出来的把人体分为上下两个部分的平面。横截面垂直于正面和纵断面（见上页插图）。

外翻足

在拉丁语中，这个词指的是膝盖向中心线靠拢，即膝内弯的人的膝盖会向中间靠拢。在自行车运动和 BIKE FIT 中，"脚掌外翻"指的是小脚趾高于大脚趾的脚掌倾斜情况，用垫片可以弥补这种倾斜差异。

内翻足

在拉丁语中，这个词指的是膝盖向两边分开，即膝外弯的人的膝盖是向两侧分开的。在自行车运动和 BIKE FIT 中，"脚掌内翻"指的是大脚趾高于小脚趾的脚掌倾斜情况，用垫片可以弥补这种倾斜差异。

换气

呼吸的动作——将空气吸入和排出肺部。

UCI

国际自行车联盟——全世界自行车运动的管理机构。